주민의 헌법

일러두기

이 책에 실린 헌법 조항은 2016년 8월 국회사무처에서 발행한
「헌법·국회관계법」내용을 기준으로 하였습니다.
표기법이나 띄어쓰기 역시 동일하게 통일하였음을 밝힙니다.

국회의원 박주민의 헌법 이야기

주민의 헌법

개정증보판

박주민 지음

메가스터디BOOKS

개정증보판에 부쳐

2024년 12월 3일.

지역행사를 마치고 어머님 댁으로 제 딸 솔이를 데리러 갔습니다. 집에 도착했을 무렵 의원실 식구로부터 전화가 왔습니다. 윤석열 대통령이 비상계엄을 선포했다는 겁니다. 바로 TV를 켰습니다. 하지만 너무도 이상한 모습이 TV에 펼쳐져 있었습니다. 뉴스 보도 전문 채널을 제외하고는 모두 정규방송이 나오고 있었습니다. 바로 머리에 스치는 생각은 '내란이구나'였습니다.

비상계엄을 선포하려면 전시나 그에 준하는 사변이 있어야 합니다. 이때에 '사변'이란 경찰 등 평상시 수단으로는 그 상황을 통제할 수 없을 정도의 심각한 상황이어야 합니다. 그런데 TV에는 여느 날과 다름없이 여행지 소개, 맛집 탐방 등이 방송됐습니다. 전화 왔던 의원실 식구에게 '비상계엄 선포가 맞나' 되물을 정도였습니다.

'내란'이라는 생각에 바로 국회로 향했습니다. 그리고 차 안에서 짝꿍에게 전화했습니다. 솔이와 집에 가지 말라고, 어떻게 될지 모르겠다고 말했습니다. 솔직히 겁이 났습니다. 다신 가족들을 못 볼 수도 있다는 생각을 했습니다. 그리곤 우원식 국회의장님께 전화드렸습니다. 이미 공관에서 출발하신 상황이었습니다. 김용민 더불어민주당 원내정책수석에게도 전화해 의원을 빨리 모아야 한다고 다급히 말했습니다.

밤 10 : 58, 국회에 도착했지만 들어갈 수 없었습니다. 경찰들에 의해 국회 출입이 봉쇄되었다는 이야기를 전해 들었습니다. 고민 없이 국회 도서관 쪽 담을 넘었습니다. 그리고 전력을 다해 본청을 향해 뛰었습니다. 뒤에서 경찰이 쫓아오는지 가끔씩 뒤를 돌아보며, 미친 듯이 달렸습니다.

도착한 본청 내부는 혼란스러웠습니다. 그리고 잠시 뒤 포고령이 내려졌습니다. '일체의 정치활동을 금한다'. 기자들이 하나둘씩 들어오는 의원들에게 마이크를 대며 지금 상황에 대해 물었습니다. 저는 바로 내란이라고 이야기했습니다. (나중에 한 커뮤니티를 보니 '누가 가장 먼저 내란을 이야기했는가'라는 글에 '박주민'이라

는 글이 있더군요.) 잠시 후 본청에 박찬대 더불어민주당 원내대표
가 들어오기에 국회의원들에게 소집 문자를 보내줄 것을 요청했
습니다. 그리고 추경호 국민의힘 원내대표에게도 전화해야 한다
고 말했습니다. 아마 비슷한 요청을 여기저기서 많이 받았을 것
입니다. 본회의장 앞에 한동훈 당시 국민의힘 당대표와 한지아
의원 등이 서성이는 것을 보고, 안으로 들어가서 안정적인 상황
에서 대처하라고 이야기했습니다.

그리고 얼마 뒤, 국회 운동장에 헬기가 도착했다는 이
야기를 전해 들었습니다. 문자나 메신저를 통해 '헬기가 착륙했
다', '군인이 들어온다', '본청 유리창을 깨고 계엄군이 들어온다',
'보좌진과 시민들이 계엄군과 대치하고 있다' 등의 상황도 실시
간으로 전해 들었습니다. 본회의장 안에 모여있던 의원들은 빨리
계엄 해제 표결을 해야 한다고 아우성쳤습니다. 의원들은 잡혀가
기 전에 표결을 해두고 잡혀가자고 소리치기도 했습니다. 마침내
준비를 마치고 해제 표결을 하고서는 계속 계엄 해제 여부를 기다
렸습니다.

이것이 2024년 12월 3일 밤, 즉 헌법이 무너진 당시 제
가 겪었던 일입니다.

주민의 헌법

제가 처음으로 국회 담을 넘었던 그 밤, 국회를 지키기 위해 모였던 수많은 시민들의 이야기를 들었습니다. 장갑차를 맨몸으로 막아낸 청년, 뉴스를 보고 2박 3일 짐을 싸 국회 앞으로 달려온 부부, 자고 있는 딸을 한 번 더 안아주고 나왔다는 아버지, 가족들에게 혹시 모를 상황에 대비해 마지막 말을 건네고 왔다는 사람들 등, 이런 평범한 시민들의 용기와 행동 덕분에 국회는 비상계엄을 해제할 수 있었습니다. 그날 저는 여러분께 목숨을 빚졌습니다. 지금 우리의 일상과 안녕이 그날의 시민들의 용기 덕분이었음을 잊지 않겠습니다.

그러나 그 밤 이후에도 헌법의 정신을 훼손하는 모습은 계속 이어졌습니다. 내란 우두머리 혐의를 받고 있는 대통령에 대한 탄핵 표결 불성립, 법원이 발부한 영장에 대한 부정, 사법부에 대한 공격, 끊임없는 부정선거 관련 선동, 국회가 선출한 헌법재판관에 대한 불임명과 선별적 임명, 내란특검법 등에 대한 이유 없고 근거 없는 거부권의 행사 등. 이런 상황을 보면서 저는 《주민의 헌법》을 새로 쓰기로 결심했습니다. 헌법은 여전히 우리가 알아야 할 최소한의 상식이자, 혼란한 지금의 시대에 가장 필요한 무기라는 것을 깨달았습니다. 헌법을 제대로 아는 사람이 많아질수록, 대한민국의 질서를 지킬 수 있다는 믿음이 컴퓨터 앞으로 저를 이끌었습니다.

     개정증보판은 앞서 2018에 나왔던 버전에서 최신 상황을 반영하여 수정되었습니다. 12·3 불법적 계엄 사태와 관련된 여러 헌법적 논란, 그리고 탄핵 심판까지의 내용을 담았습니다. 글을 쓰고 있는 지금은 헌법재판소의 탄핵 결정이 나기 전입니다. 이 책을 손에 쥐고 읽게 될 날에는 헌정질서를 바로잡는 올바른 결정이 나 있길 바라봅니다.

2025년 2월
박주민

주민의 헌법

차례

왜 지금 헌법을 말하는가

최근 몇 년 동안 박근혜 탄핵을 위한 촛불집회와 탄핵 그리고 최근에는 윤석열의 비상계엄과 탄핵 등 일련의 국가적 대소사를 거치면서 국가, 정부, 민주주의 등에 대해 관심이 한층 더 높아졌습니다. 그 덕분에 헌법도 관심을 많이 받고 있죠. 헌법 읽는 사람이 늘어나고 헌법 관련 서적도 많이 출간되었고요. 특히 기본권에 대한 관심이 헌법에 대한 관심을 높이는 데 큰 역할을 하고 있습니다.

    사실 그동안 우리 헌법은 최고 규범으로서의 지위를 제대로 못 누렸습니다. 1948년에 만들어진 후로 상당히 오랫동안 '우리나라도 헌법이 있다'는 걸 대외적으로 보여주기 위한 장식품으로서만의 대접을 받아왔어요. 그런데 상황이 바뀌었습니다. 많은 국민들이 국가와 정부를 향해서 헌법에 규정된 의무를 지키라고, 그리고 헌법에 규정된 국민의 기본권을 보장하라고 요구하게 됐어요. 그러다 보니 헌법이 점점 법으로서의 힘을 갖기 시작했어요.

그런데 2024년 12월 3일 있었던 비상계엄 사태와 윤석열 탄핵 이후 헌법이 또다시 힘을 잃은 것은 아닌가 하는 걱정들을 국민들이 많이 하게 되었습니다. 헌법의 규정을 어긴다고 해서 처벌할 수 있는 조항이 없다는 것을 악용해서 국회가 선출한 헌법재판관을 대통령 권한대행이 임명하지 않는 등 헌법의 명령을 자의적으로 어기는 사례들이 나타났기 때문이죠. 그러나 앞으로 헌법을 읽고, 알고, 또 헌법을 지키라고 국가나 정부에게 요구하는 국민들이 늘어날수록 헌법의 힘도 다시 회복되고 더 세질 거라 생각합니다.

그렇지만 아마 대부분의 국민들은 아직까지 헌법을 한 번도 안 읽어봤을 거예요. "헌법 조문 읽어보는 게 무슨 의미가 있어?"라고 얘기하는 사람도 있을 거고요. 그런데 헌법을 그냥 읽어보는 것만으로도 여러 정보를 얻을 수 있어요. 생각보다 우리 일상에서 사용할 수 있는 유용한 정보가 많거든요. 그뿐 아닙니다. 사회를 보는 눈도 달라질 거라고 제가 장담합니다. 더군다나 읽기가 그리 어렵지도 않아요. 헌법이라고 하면 두꺼운 법전 한 권 정도는 되는 방대한 분량일 거라고 생각하는 사람들이 많죠. 아닙니다. 헌법은 아주 짧아요. 조문이 굉장히 적어서 누구나 금방 읽을 수 있어요. 이 짧은 법이 우리나라에 존재하는 다른 모든 법의 기본이 되는 거예요. 이런 헌법에 대해 좀 더 자세히 알아보기 전에 먼저 법이 무엇인지부터 얘기해보겠습니다.

법은 무엇인가?

법이 뭘까요? 인간은 사회를 이뤄서 살죠. 좀 더 정확하게 이야기하면 인간은 사회를 이뤄야만 살 수 있는 존재라 할 수 있습니다. 생각해보세요. 성체成體가 되는 데 인간만큼 오래 걸리는 동물이 없어요. 고래나 코끼리와 같이 덩치가 큰 동물조차도 태어나서 조금만 시간이 지나면 무리를 따라 다닐 수 있게 되지만 인간은 제대로 걷고 무리와 같이 행동하기 위해서는 수년이 걸려요. 그럼에도 불구하고 생존이 보장되죠. 왜 그럴까요? 어떻게 그럴 수 있을까요? 만약에 걷지도 못하는 아기가 야생에 혼자 있다고 생각해보세요. 살 수 없겠죠. 긴 시간 동안 보살펴주는 존재를 필요로 한다는 건 무슨 의미일까요? 이건 우리 인간이 공동체를 전제로 한 생명체라는 걸 말해줘요. 그리스에서 인간을 '사회적

주민의 헌법

동물'이라고 불렀다고 하는데 이것은 단지 인간을 다른 동물보다 훌륭하다고 하기 위해 쓰인 미사여구나 인문학적 개념이 아니라 사회를 전제로 한 동물이라는 생물학적 특징을 잡아낸 표현이라고 할 수 있어요.

뇌과학이 발달하면 발달할수록 인간의 뇌는 독립적 사고가 가능하게 진화한 것이 아니라 다른 사람과 소통하면서 사회를 이루기 위한 구조로 진화해왔다는 게 밝혀지고 있어요. 뇌과학에서조차 인간이 공동체 안에서 살아가는 존재라고 보는 걸 알 수 있죠. 이렇게 사회를 이루어야만 생존할 수 있는 존재이기에 여러 사람이 함께 문제없이 살아가려면 서로 지켜야 할 규칙(사회 구성 원리, 운영 원리, 자원 배분 규칙) 같은 것들을 정해놔야 해요. 이게 바로 법이에요. 만약에 인간이 혼자 사는 존재라면 규칙이 무슨 필요가 있겠어요? 이런 여러 다양한 규칙 중에서 특히 국가 등 공적 기구에 의하여 뒷받침되는 게 바로 법이에요.

이런 법이 만들어지는 과정과 그것을 주도하는 세력에 따라 사회 구성원들에게는 다른 의미로 다가오게 됩니다. 우선 왕정이나 과두정하에서는 법이라는 사회 구성 원리와 운영 원리를 왕이나 귀족들이 만들겠지요. 그러면 이렇게 만들어진 법은 왕이나 귀족들의 지배를 관철하고 강제하는 수단의 성격을 함께 띠게 됩니다. 반면에 법을 만드는 과정에 국민이 참여할 수 있게 되면 법이란 오히려 권력이 국민의 기본권을 침해하는 것을 막는 의미를 가져요. 르네상스 이후에 인간은 소중하다는 관념이 도입되고 민주주의와 법치주의의 개념이 생기면서 법을 국민이 만들게 되었어요. 지배의 수단이 아니라 권력으로부터 사회구성원의 기본권을 지키기 위한 수단으로 성격이 많이 바뀌면서 발전해왔던 거죠. 물론 아직도 위정자들은 자신의 권력 유지를 위해 법을 만들고 지키라고 강요하기도 하지만, 이게 진정한 의미의 민주주의 하에서의 법이라고 할 수는 없을 겁니다.

헌법, 법률, 명령, 규칙

법에는 어떤 것들이 있을까요? 우선 법의 아버지, 어머니 격인 헌법이 있습니다. 그다음 법률이 있죠. 헌법 조문을 하나하나 읽다 보면 법률이라는 단어가 반복됩니다. 법률은 뭘까요? 법률은 국회에서 만든 법입니다. 법률은 헌법 바로 아래 단계의 법인데 헌법의 내용을 구체화하는 역할을 합니다. 헌법과 법률이 다른 점 중 하나가 헌법 제정에는 국민과 국회가 관여하지만 법률은 국회가 만든다는 거예요. 법률 다음은 명령입니다. 헌법 아래에 법률이 있고, 법률 아래에 명령이 있는 거죠. 국회에서 만드는 법률만으로 모든 것을 세세하게 정할 수 없잖아요? 그래서 일부분을 떼어서 구체적인 명령을 만드는데, 대통령이 만드는 것을 대통령령, 각 부에서 만드는 명령을 부령이라고 합니다. 그 아래에 규칙이 있는데, 보통 어떤 기관의 내부적인 사항들을 정해요. 명령까지는 통상 대국민적 효력이 있지만 규칙 정도로 내려가면 국민에게 효력이 있는 경우도 있고 기관 내부에만 적용이 되는 경우도 있고 하는 식으로 그 효력이 각각 달라요. 규칙 아래에는 조례가 있는데 지방의회가 만듭니다. 은평구는 은평구 조례가 있고, 서울시는 서울시 조례가 있고, 경기도는 경기도 조례가 있습니다. 정리해보면 인간은 사회를 이루어 살 수밖에 없는데 사회를 유지, 운영하기 위해서는 사회 구성원이 지켜야 하는 다양한 규칙이 필요하고, 이러한 다양한 규칙 중에 국가 등이 뒷받침하는 것을 특히 법이라 하며, 법에는 헌법, 국회가 만드는 법률, 법률 밑의 명령과 규칙, 지방의회가 만드는 조례가 있다고 보면 됩니다.

헌법의 특수성

법 중 최상위에 있는 헌법은 다른 법들이랑 뭐가 다를까요? 앞에서 헌법은 다른 모든 법의 아버지, 어머니 격이라고 했는데, 이렇게 다른 법의 부모 자격을 가지고 있기에 다른 모든 법(법률, 명령, 규칙 등)은 헌법을 위배할 수 없습니다. 이게 헌법의 특수한 지위예요. 내용 면에서도 헌법은 특수합니다. 헌법에는 나라를 어떤 형태로 구성하고 운영할지, 보호해야 할 국민의 기본권은 어떤 것인지, 국민은 공동체를 위해 어떤 의무를 지는지 등 법이 정할 사회 운영 원리, 구성 원리 중 가장 중요한 내용이 규정되어 있어요. 그리고 무엇보다 헌법을 남다르게 하는 게 또 있는데, 바로 제정의 주체가 국민이라는 겁니다.

우선 헌법의 특수한 지위에 대해 알아보죠. 헌법은 다른 모든 법에 우선하며 우월한 지위를 갖고 있습니다. 다른 법들은 헌법이 정한 절차에 따라 만들어지게 되어 있고, 헌법이 정한 범위 내에서 내용이 마련돼야 해요. 이게 '헌법의 우월성'인데, 이 우월성을 유지하기 위해서 법률이 헌법에 위반되는지 여부를 심사해서 위헌으로 판단되면 법의 효력이 없어지는 위헌법률심판 제도를 두고 있어요. 우리나라뿐 아니라 많은 나라에서(담당하는 기관은 각기 달라도) 이 제도를 운영하고 있죠. 법률 밑의 명령이 그 위의 법률이나 더 위인 헌법을 위반할 수도 없어요. '위수령'이라고 들어보셨나요? 박근혜 정부 때 촛불집회 대책으로 위수령과 계엄을 검토했다는 사실이 알려져서 시끄러웠잖아요. 위수령은 헌법도 법률도 아닌 국방부 훈령인데, 일정한 지역에 군병력을 동원하여 집회나 시위를 통제하기 위한 것으로 4·19 혁명, 5·18 광주민주화운동, 6월 민주항쟁 등에서 사용되었습니다. 그런데

주민의 헌법

이 위수령이 집회나 시위의 자유를 폭넓게 제한하면서 헌법이나 법률에 근거하지 않은 것이기에 2018년 문재인 정부에서 폐지했습니다. 해가 진 뒤에는 집회나 시위를 원칙적으로 할 수 없도록 했던 집회및시위에관한법률의 야간집회금지규정은 집회의 자유를 보장하고 있는 헌법에 합치되지 않으니 헌법에 부합하게 개정하라고 헌법재판소가 판단했음에도 개정이 이루어지지 않아 결국 집회및시위에관한법률의 해당 조항은 현재 효력을 상실했습니다. 이렇게 헌법을 위반하면 그 효력이 존재할 수 없어요.

　　다음은 헌법의 내용적 특수성입니다. 다른 법과 달리 헌법은 우리나라의 뼈대를 정해놓고 있습니다. 우선 헌법은 우리나라가 어떤 시스템으로 운영되는지 정해놓았어요. 대통령제 국가인지, 이원집정부제 국가인지, 의원내각제 국가인지 정해놨다는 거예요(우리나라는 아시다시피 대통령제 국가입니다). 그 뿐만 아니라 여러 국가기관들이 어떻게 구성되고 운영되는지도 정해놓았어요. 예를 들어 사법부 수장을 대통령이 국회의 동의를 얻어 임명하도록(누가 대법원장이 될지를 대통령이 정하고 국회는 동의 또는 부동의만 합니다.) 되어 있는데, 만약 헌법이 이런 부분에 대해 다른 내용을 담고 있다면 그 내용대로 권력기관들이 구성되고 운영되겠죠. 예를 들어 대통령제라 하더라도 사법부의 수장을 국회가 추천하는 사람을 대통령이 형식적으로 임명하는 것으로, 즉 누가 대법원장이 될지를 실질적으로 국회가 정하는 걸로 규정되어 있다면 그렇게 사법부가 구성됩니다. 이 경우 대법원장에 대한 국회의 임명 동의를 얻기 위한 표결 행위는 없어지는 대신 국회에서 여러 당이 모여서 누가 대법원장을 하면 좋을지 논의하고 합의하는 장면이 연출되겠죠?

헌법은 국민이 우리나라에서 어떠한 권리를 가지고 있고, 어떠한 의무를 지는지를 포괄적으로 정해놓았어요. 더 나아가 국민의 권리를 보호하는 걸 국가의 역할과 의무로 규정하고 있습니다. 반면에 민법이나 상법 등 법률은 특정한 영역에서의 구체적인 권리나 의무를 정하고 있어요. 또한 헌법은 국민의 권리를 보장하는 내용을 넘어서 국민의 권리를 제한하기 위한 절차와 원칙도 정하고 있습니다. 국민의 권리에 대해 이야기할 때 '인권'이라는 말을 쓰기도 하고 '기본권'이라는 말을 쓰기도 하는데, 보통 인권은 인간이 태어나면서부터 지니는 권리를 말하고, 기본권은 인권 중에서 헌법이나 법률에 명시되어 있는 것을 의미합니다. 그런데 헌법 제37조 제1항을 한번 보세요. "국민의 자유와 권리는 헌법에 열거되지 아니한 이유로 경시되지 아니한다"라고 되어 있습니다. 이게 무슨 말이에요? 헌법에 명시되어 있지 않은 인권도 헌법에 명시된 인권(기본권)과 차이가 없다는 거예요. 보장해야 할 인권을 전부 다 헌법에 써넣을 수는 없잖아요? 헌법 조문을 무한정으로 늘릴 수 없어서 인권 중에서 몇몇 기본권만 담은 것일 뿐 나머지 인권도 똑같이 중요하다고 선언하는 거예요. 그런데 실무적으로는 헌법에 명시적으로 담겨 있는 인권은 담겨 있지 않은 인권에 비해 더 두터운 보호를 받긴 해요. 얼마나 중요하면 많고 많은 인권 중에 헌법에 직접 담기도록 선택되었을까 하는 것이 실무적인 판단입니다.

　　국민의 의무도 헌법에 나옵니다. 그렇다면 왜 국민이 지는 의무를 헌법에 써놓았을까요? 의무를 잘 지키게 하려고 했을까요? 아닙니다. 오히려 헌법에 정해놓은 의무 이외의 의무를 국가가 함부로 부담시키지 못하게 하려고 그런 것입니다.

　　헌법을 제정하고 개정하는 권력은 누구에게 있을까요? 당연히 국민입니다. 입법권은 국회에, 행정권은 행정부에 귀속되어 있다고 보지만 헌법을 만들고 고치는 권한은 다른 누구도 아닌 국민이 갖고 있어요. 국민에게 주권이 있다고 헌법 1조 2항에 딱 써놨잖아요. 그러니까 공동체의 운영 원리나 공동체 구성원인 국민의 의무와 권리를 정하는 헌법은 당연히 국민이 만들고 고쳐야 하는 거죠. 그래서 헌법 개정을 할 때 국민투표로 국민의 동의를 구하는 절차를 넣어뒀습니다. 이거야말로 헌법을 정당화하는 근거예요. 법률과 명령 등은 국민이 만들지 않죠. 입법권을 위임받은 국회가 법률을, 행정권을 위임받은 정부가 명령을 만들게 됩니다. 참고로 모든 헌법이 국민에 의해 만들어지지는 않았습니다. 1948년 7월 17일에 제정·공포된 제1공화국 헌법은 제헌의회에서 기초·심의·통과된 후 다른 절차를 거치지 않고 바로 헌법이 되었습니다. 제헌의회에 국민이 헌법 제정 권력을 위임했다고 인정되었기 때문에 이런 일이 가능했어요.

헌법의 구조

다음으로 헌법의 전체 구조에 대해서 보겠습니다. 헌법에는 전문이 있습니다. 우리나라의 여러 법 가운데 전문을 가지고 있는 법은 몇 개나 될까요? 한 개예요. 헌법밖에 없습니다. 헌법은 굉장히 특수한 법이기 때문에 전문을 둔 거예요. 전문에 이어 본문이 나오는데 헌법 본문은 열 개의 장으로 구성되어 있어요.

　　　1장은 총강으로 대한민국의 구성 요소에 대해 다루고 있습니다. 다른 내용도 담겨 있지만 핵심은 이거예요. 2장은 국민의 권리와 의무를 다룹니다. 3장에서부터는 국가기관에 관한 내용이 등장하는데, 가장 먼저 헌법에 나오는 기관은 무엇일까요? 많은 사람들이 대통령일 거라고 생각하지만 정답은 국회입니다. 그 이유는 뒤에서 자세히 다루겠습니다. 4장은 정부로 1절

주민의 헌법

은 대통령, 2절은 행정부를 다루고, 2절에서는 행정부의 국무총리, 국무위원, 국무회의, 행정각부, 감사원에 관해 규정합니다. 5장은 법원이에요. 법을 기준으로 법을 만드는 곳(입법부), 국민의 일상생활에 널리 법을 집행하는 곳(행정부), 개별 사건에 법을 적용하는 곳(사법부)으로 나누고 그 순서대로 헌법에서 다루는 것이죠. 여기서 퀴즈 하나 내보겠습니다. 검찰은 입법부, 사법부, 행정부 가운데 어디에 속할까요? 검찰은 법무부의 외청이라고 할 수 있는 검찰청 소속 공무원입니다. 행정부에 속하는 것이죠. 어떤 사람들은 검찰 개혁을 대통령과 법무부에서 이야기하는 것이 삼권분립에 위배된다고 하는데, 그렇지 않아요. 검찰은 행정부 소속이고 행정부 수반이 개혁하겠다는 것이어서 삼권분립과는 관계없습니다. 경찰은 어떤가요? 경찰은 행정안전부 외청 경찰청 소속 공무원이에요. 2018년 6월, 당시 민정수석이었던 조국 수석과 법무부 장관, 행정안전부 장관이 검경 수사권 조정 합의문에 서명한 것을 보셨을 거예요. 검찰과 경찰의 수사권을 조정하는 것인데 검찰총장과 경찰청장이 서명한 것이 아니라 법무부장관과 행안부장관이 서명한 것은 검찰과 경찰이 각각 법무부 장관과 행정안전부 장관의 지휘를 받기 때문입니다. 민정수석은 대통령이 각 기관을 관리·감독하는 것을 보좌하는 비서관입니다. 대통령의 뜻을 받고 있기 때문에 당시에 조국

수석이 등장한 거고요. 그다음에 6장은 헌법재판소, 7장은 선거관리, 8장은 지방자치, 9장은 경제, 10장은 헌법 개정에 관한 부분입니다.

각 장의 순서도 다 의미가 있어요. 국가기관에 대한 내용을 다루기 전에 우선 국가의 구성에 대해서 다룹니다(1장). 그러고 나서는 국민의 권리와 의무를 다룹니다(2장). 국가기관에 대한 내용은 3장 이후부터 나와요. 앞서 언급했듯 국가기관 중에서는 국회에 대한 내용이 먼저 나와요(3장). 대통령제 국가이면서도 국회를 먼저 다룬 것은 법치주의를 강조하기 위해서입니다. 대통령을 포함한 모든 국가기관은 헌법과 국회가 만든 법률에 따라 그 권력을 행사해야 하죠. 그런데 입법권은 국민의 위임을 받은 국회에 있기 때문에 국회를 먼저 다룹니다. 다음으로 대통령과 행정부(4장), 법원(5장), 헌법재판소(6장)를 다뤄요.

전체 130개 조항이 이 열 개의 장에 나누어져 있어요. 1장은 1조부터 9조까지, 2장은 10조부터 39조까지, 3장은 40조부터 65조까지, 4장은 66조부터 100조까지, 5장은 101조부터 110조까지, 6장은 111조부터 113조까지, 7장은 114조부터 116조까지, 8장은 117조부터 118조까지, 9장은 119조부터 127조까지, 10장은 128조부터 130조까지입니다. 정부에 관한 4장이 가장 많은 조문을 포함하고 있는데, 대통령제를 채택하고 있기에 어찌 보면 당연하다 할 수 있죠.

지금까지 헌법이란 무엇인지를 알아보기 위해 법이 무엇인지를 살펴보았고, 헌법의 특수성과 구조에 대해서도 살펴보았습니다. 이제 본격적으로 헌법의 내용을 하나하나 살펴보겠습니다.

전문

유구한 역사와 전통에 빛나는 우리 대한국민은 3·1운동으로 건립된 대한민국임시정부의 법통과 불의에 항거한 4·19민주이념을 계승하고, 조국의 민주개혁과 평화적 통일의 사명에 입각하여 정의·인도와 동포애로써 민족의 단결을 공고히 하고, 모든 사회적 폐습과 불의를 타파하며, 자율과 조화를 바탕으로 자유민주적 기본질서를 더욱 확고히 하여 정치·경제·사회·문화의 모든 영역에 있어서 각인의 기회를 균등히 하고, 능력을 최고도로 발휘하게 하며, 자유와 권리에 따르는 책임과 의무를 완수하게 하여, 안으로는 국민생활의 균등한 향상을 기하고 밖으로는 항구적인 세계평화와 인류공영에 이바지함으로써 우리들과 우리들의 자손의 안전과 자유와 행복을 영원히 확보할 것을 다짐하면서 1948년 7월 12일에 제정되고 8차에 걸쳐 개정된 헌법을 이제 국회의 의결을 거쳐 국민투표에 의하여 개정한다.

1987년 10월 29일

헌법은 본문에 앞서서 전문을 두고 있는 특수한 구조로 되어 있고 그것이 헌법만의 특색이라는 점에 대해서는 이미 말씀드린 바 있어요. 헌법 전문에 대해 법적 효력이 전혀 없다고 주장하는 사람도 있긴 하지만, 절대 다수의 학자가 법적 효력이 있다고 봅니

주민의 헌법

다. 헌법재판소 역시 헌법 전문을 헌법의 한 부분이자 법적 효력을 가진 부분으로 인정했어요. 법적 효력이 있다는 의미는 이 전문도 헌법으로서 헌법의 다른 부분과 마찬가지로 국민의 권리와 의무, 정부의 구성과 운영에 영향을 미친다는 것입니다.

전문을 한번 읽어보세요. 마침표가 하나밖에 없죠? 이렇게 긴데 마침표가 하나밖에 없는 하나의 문장이에요. 그렇다면 이 긴 문장의 주어는 뭘까요? 바로 '유구한 역사와 전통에 빛나는 우리 대한국민'입니다. 여기에서 조심해야 할 게 있어요. 대한민국이 아니라 '대한국민'입니다. 국민인 우리가 나라를 세우고 헌법을 만들고 바꿔왔다고 말하고 있는 거예요. 헌법에 이렇게 쓰여 있는데도 '설마 내가 만들었겠어?' 하고 의문을 갖기 때문에 무의식적으로 대한국민을 대한민국이라고 읽게 되는 거예요.

그럼 이 긴 문장에서 우리 대한국민의 목적은 무엇으로 되어 있을까요? 바로 '우리들과 우리들의 자손의 안전과 자유와 행복을 영원히 확보할 것'입니다. 다른 가치와 행위는 모두 이 목표를 달성하기 위한 것입니다. 헌법을 제정하고 개정하는 것도 바로 이 목적을 달성하기 위해서입니다. 그럼 이 목적을 달성하기 위하여 필요하다고 본 가치(이념)와 행위는 어떤 것들일까요?

먼저 3·1운동으로 건립된 대한민국임시정부의 법통과 불의에 항거한 4·19 민주이념을 계승하기로 했습니다. 우리가 전문을 통해 계승하기로 한 임시정부는 1919년 상해에서 건립되었습니다. 따라서 우리나라의 근원은 1919년까지 거슬러 올라가는 것이죠. 그런데 요즘 건국 시기에 대한 논쟁이 계속되고 있습니다. 일부 세력이 정부가 수립된 1948년에 비로소 우리나라가 세워졌다고 주장하고 있는 거죠. 헌법 전문에서 우리나라는 1919년에 시작되었다고 하고 있는데, 헌법 전문에도 맞지 않는 1948년 건국을 왜 자꾸 주장하는 걸까요? 1919년 건국과 1948년 건국 사이에는 어떤 차이가 있을까요?

1919년에 대한민국이 건국되었다면 일제강점기의 친일과 독립운동 등이 모두 우리 대한민국의 역사 속에 들어오게 되고 당연히 그 문제에 대해 논의할 수밖에 없습니다. 냉정한 역사의 평가가 이뤄지는 것이죠. 반면 정부가 수립된 해인 1948년에 대한민국이 건국된 걸로 본다면 대한민국의 역사에서 일제강점기가 빠지게 됩니다. 그러면 1948년 이전에 일어났던, 일제강점기 동안의 친일 행위나 독립운동 등이 대한민국 역사가 아닌 것이 되고 마니까 친일파 등에 대한 논의가 어려워집니다. 건국이 1919년이냐 1948년이냐 하는 건 그만큼 중요한 문제입니다.

전문에서 3·1운동과 4·19혁명을 언급하고 있는 것은 다른 측면에서도 의미가 있어요. 3·1운동의 주축 세력은 유관순 열사를 비롯한 중·고등학생이었습니다. 4·19혁명도 고등학생들이 먼저 거리로 뛰쳐나왔습니다. 이처럼 헌법 전문에서 다루고 있는 두 가지 역사적 사건이 모두 청소년들의 적극적인 정치 참여로 이루어진 것임에도 현대사회에서는 청소년들의 정치 참여를 우려하는 모순을 범하고 있습니다.

'학생의 날'이 있다는 것을 아세요? 학생의 날은 일제강점기에 있었던 광주학생항일운동을 기념하기 위해 제정한 날입니다. 광주학생항일운동은 조선 여학생을 희롱하고 괴롭히던 일본 남학생들과 이걸 보고 격분한 조선 남학생들 사이의 다툼이 도화선이 되었어요. 이 일을 계기로 학생들이 가두시위를 하는 등 항일운동이 일어났어요. 이처럼 학생의 날조차도 청소년들의 정치 참여를 기념하고 있습니다. 청소년의 정치적 참여는 헌법 전문과 학생의 날을 통해서도 기려지고 있고, 심지어는 그 정신을 계승하자고 하는데도 청소년의 정치 참여가 제한되어 있는 모순이 지금껏 지속되는 게 참으로 안타깝습니다.

또 헌법 전문에서 언급된 위 두 사건은 모두 집회와 시위라는 것도 주목할만합니다. 부정의한 권력의 압제에 시민이 저항하기 위해 거리로 나온 일이 우리 헌법과 국가를 만든 핵심적인

주민의 헌법

사건이었다고 인정되고 있는 것인데, 최근 응원봉 집회 그리고 박근혜 탄핵 당시 촛불집회를 보면 현재에도 그러한 판단은 정당하다고 보여지죠.

한편 2018년에 있었던 개헌 논의 과정에서 헌법 전문에 역사적 사건을 추가하자는 주장도 있었습니다. 5·18민주화운동 등이 그 대표적인 예입니다. 처음에는 반대하는 의견도 있었으나 최근에는 여러 정당에서 공개적으로 찬성하고 있는 상황입니다. 그런데 역사적 사건들을 헌법에서 다루는 것에 어떤 중요성이 있는 걸까요? 그것은 바로 우리나라가 어떤 과정을 거쳐 만들어졌는지, 어떤 사건이 민주주의를 발전시켰는지 등을 헌법을 통해 드러낼 수 있기 때문입니다. 3·1운동을 통해서는 일본의 강점으로부터 독립을 쟁취해낸 노력을, 4·19혁명을 통해서는 민주주의를 추구하는 정신을 헌법에 담아낸 거죠. 또한 이 정신들을 계승하여 앞으로도 독립과 민주주의를 위해 노력해나가겠다는 것입니다. 다른 사건이 담긴다면 그 사건의 정신을 지속적으로 실천하자는 것을 헌법적으로 결단하게 되는 것이죠.

전문에서는 통일을 해야 된다고도 강조하고 있습니

다. 그런데 어떻게 통일을 해야 할까요? 미사일을 쏴서 통일이 가능할까요? 전문에는 평화적 통일을 명시하고 있습니다. 따라서 북한을 상대로 선제적인 공격을 해서 통일을 하는 것은 헌법상 불가능합니다. 침략적인 전쟁을 일으켜 통일을 하자고 말하는 사람들은 한마디로 헌법을 위반하는 것입니다. 우리나라의 국군도 방어를 위한 국군이지 공격을 위한 국군이 아닙니다. 평화통일에 대해서는 나중에 보다 자세히 살펴보도록 하겠습니다.

다음으로 사회적 폐습과 불의를 타파하고, 각인의 기회를 균등히 하고, 능력을 최고도로 발휘하게 해야 한다고 하고 있습니다. '기회는 평등하고 과정은 공정하고 결과는 정의롭다.'라는 말이 문재인 대통령의 취임사에 등장했는데 이 말과 같은 이야기입니다. 기회가 평등히 보장되지도 않고 부정과 부패가 만연하면 노력을 해도 그 대가가 공정히 보장되지 않을 것이기에 모든 사람들이 능력을 최고도로 발휘하기는 어렵습니다.

또 사회 구성원들에게 자유와 권리를 누리게 하면서 그 자유와 권리에 따르는 책임과 의무를 완수하게 해야 한다고도 되어 있습니다. 의무를 이행하면 자유와 권리를 부여해주는 게 아니라 먼저 자유와 권리를 보장해주는 것이라는 점이 중요합니다. 모든 사회 구성원들이 공동체의 구성원으로서 자신의 의무

주민의 헌법

를 성실히 이행한다는 것은 우리나라가 공화국이라는 것과도 연결되어 있는 얘기예요. 국민의 권리와 의무에 대한 이야기 역시 나중에 더 자세히 해보죠.

마지막으로 국민 생활의 균등한 향상을 이루도록 하고, 밖으로는 세계 평화와 인류 공영에 기여해야 한다고 했습니다. 구성원들에게 기회를 균등하게 주고 최고도로 능력을 발휘하게 하면서 그 결과가 몇몇 사람의 성공으로 그치게 두는 것이 아니라 국민 생활의 균등한 향상으로 이어지도록 하겠다는 것입니다. 흔히 이야기하는 경제민주화나 사회복지와 연결되어 있는 이야기죠. 또한 민족의 단결로 한반도의 평화를 이룰 뿐 아니라 더 나아가 세계 평화와 인류 공영에도 이바지하여 세계의 구성원인 우리 민족 전체의 평화가 실질적으로 이루어지도록 하겠다는 내용도 있습니다. 최근 국제 정세를 보면 한반도의 평화가 남과 북만의 문제가 아니라는 것을 알 수 있습니다. 전 세계가 평화롭고 인류가 공영해야지만 우리 한반도의 평화도 보장될 수 있겠죠.

마지막 줄에서는 제정 이후 여덟 번의 개정을 거쳤다고 말합니다. 현행 헌법이 탄생하기 전에 여덟 번 개정이 되었다는 의미로 지금의 헌법을 만든 개정은 9차 개정이 됩니다. 이 마지막 9차 개헌은 1987년에 이뤄졌습니다. 6월항쟁 이후 개헌이 되었죠. 전두환 정권 말기 대통령 직선제에 대한 국민의 요구가 거세졌지만, 전두환 대통령은 이를 거부했습니다. 당시의 8차 개헌 헌법에 명시된 대로 체육관에 모인 선거인단이 대통령을 뽑는 간접선거 방식으로 대통령 선서를 하셌냐고 했어요. 그러면서 헌법 변경 요구를 받아들이지 않고 8차 헌법을 지키겠다는 '호헌 선언'을 하게 됩니다. 이후 당시 여당인 민정당이 전당대회 강행을 선언했어요. 이 전당대회에서 노태우 전 대통령이 대통령 후보로 선출되면 체육관에서 다시 대통령 선거가 치러지고 다음 대통령이 되는 수순이었어요. 이걸 막기 위해서 학생들이 시위를 했습니다. 6월항쟁이죠. 이때 경찰들이 시위를 진압하는 과정에서 머리에 최루탄을 맞은 연대생이 사망하는데 이 사람이 바로 이한열 열사입니다.

이한열 열사가 죽자 국민들은 분노했고 시위를 하며 호헌 철폐와 독재 타도를 외치게 되었습니다. 호헌 철폐는 대통령 간선제를 폐지하고 직선제로의 변경을 요구한 것입니다. 이 6월항쟁을 통해 9차 개헌을 이뤄내긴 했어요. 하지만 야권이 분열되면서 당시 여당 후보였던 노태우 전 대통령이 당선되었습니다.

최근 들어 새로운 시대의 요구에 맞도록 개헌을 해야

주민의 헌법

한다는 이야기가 많죠. 이렇게 개헌의 필요성이 대두되고 있는
상황이지만 10차 개헌은 아직 이뤄지지 않고 있습니다.

제1장

총강

☑ 제1조 – 제9조

```
┌─────────────────────────────┐
│        ◆  제1조  ◆          │
├─────────────────────────────┤
│ ① 대한민국은 민주공화국이다.              │
│ ② 대한민국의 주권은 국민에게 있고, 모든 권력은 국민으로부 │
│   터 나온다.                   │
└─────────────────────────────┘
```

헌법에 명시된 유일한 권력

헌법 제1조. 헌법은 이것만 알면 된다고 할 정도로 중요한 내용
입니다. 우리나라가 어떤 나라인지 그리고 국민이 어떤 권한을
가지고 있는지에 대한 것으로 이후의 모든 헌법 조항의 시작이자
뿌리라고 보면 됩니다.

　　　1조 1항은 우리나라를 민주공화국이라고 정하고 있습
니다. 민주공화국이라고 할 때 '민주'라는 말의 뜻이 뭘까요? 민주
民主는 국민民이 주인主이라는 말이에요. 민주는 당연히 민주주의
에서 나온 말이고요. 즉, 우리나라는 국민이 주인인 나라입니다.
국민이 주인인 민주주의는 장점이 참 많은 정치체제예요. 우선
국민이 노예가 아닌 주인이니까 국민이 자유로운 정치체제예요.
자유가 뭔가요? 자신의 운명을 자신이 결정할 수 있는 게 자유입

니다. 노예도 좋은 주인 만나면 당장은 자유로운 것처럼 느낄 수는 있겠죠. 하지만 주인이 변덕을 부리면 어떻게 돼요? 자유를 잃어버리잖아요. 그러니까 진정으로 자유롭다고 할 수 없어요. 사회계약설이 기반하고 있는 이론적 가정이 이와 비슷합니다. 군주제의 경우 사실상 국민이 통제할 수 없는 군주의 결정에 국민의 생명, 재산, 안전 등 모든 것을 맡겨야 하기에 자유로울 수도 없고, 군주의 변덕 앞에 안전하지도 않으니 국민들이 믿을 수 있게 언제든지 파기하여 위임한 권력을 회수할 수 있는 계약을 통해 권력을 만들자는 것입니다.

　　또 국민이 주인이라는 것에 예외가 되는 국민은 없기 때문에 민주주의는 국민이 평등한 정치체제예요. 누구나 선거할 때 한 표씩 평등하게 가지고 있잖아요. 부자라고 표를 더 주거나 똑똑하다고 표를 더 주지 않죠. 이렇게 자유롭고 평등하다는 장점 덕분에 민주주의는 시간이 오래 걸리긴 했지만 지금 대세의 정치체제가 되었습니다. 어떤 나라가 민주주의를 하지 않는다고 하면 오히려 이상하게 보잖아요.

　　'공화국'은 뭘까요? 대통령을 뽑는 나라가 공화국인가요? 그런데 북한도 공식 명칭에서 공화국이라고 해요. 중국도 공화국이죠. 도대체 공화국, 공화제란 무엇일까요? 혹시 '중구난방

衆口難防'이라는 말 아시나요? 중구난방을 많은 사람들은 매우 어수선하고 혼란스런 상황을 가리키는 말 정도로 알고 있습니다. 그러나 원래 이 말의 의미는 '민중衆의 입口은 막기防 어렵다難'는 거예요. 옛날 중국 주나라에 여왕勵王이라는 왕이 있었어요. 그런데 여왕은 성정이 포악해서 백성과 신하를 심하게 탄압했어요. 그러니까 충신인 소공召公이 이런 말을 했어요. "백성의 입을 막는 것은 어렵습니다. 그러므로 백성을 다스리는 사람은 백성의 목소리에 귀를 기울여야 합니다."라고요. 하지만 여왕은 이 조언을 따르지 않았고 결국 백성들이 일어났어요. 백성들은 여왕을 쫓아내고서 새로 왕을 세우지 않은 채로 지냈어요. 왕이 없는 상태에서도 백성들과 신하들이 서로共 화합하여和 나라를 잘 다스렸다고 합니다. 이렇게 왕이 없는 상태에서 다수의 참여와 합의로 정치가 이루어지는 것을 공화共和제라 부르게 된 거예요

　　　영어도 비슷해요. 영어로 공화국은 'republic'인데, 라틴어 'res publica'를 어원으로 합니다. 'res'는 관사이고, 'publica'는 영어의 'public'이에요. 나라는 공공의 것the public이라는 의미로 쓰이던 말이 이후 공화국을 의미하는 'repulic'이 된 거예요. 고대 로마에도 왕이 있었어요. 이 왕을 시민들이 내쫓고 왕이 없는 정치체제를 만듭니다. 왕이 있었던 시절의 나라가 왕의 것이었다면 왕이 없어진 후의 나라는 사회 구성원 모두의 것, 즉 공공의

　　　　　　　　　　　　　　　　　주민의 헌법

것이 되었어요. 그래서 로마인들은 "나라가 무엇인가."라는 질문
에 "나라는 우리 모두의 것res publica."이라고 대답했어요. 여기서
'republic'이라는 말이 나왔습니다. 이렇게 공화제는 개념적으로
는 왕 없이 나라는 공동체 구성원 모두의 것이라는 정신으로 서
로 화합하여 나라를 다스리는 것을 의미하는데, 철학적으로는 공
동체에 대한 헌신, 참여 정신, 주인 정신 등을 강조해요. 이렇게
공동체 구성원으로서의 책임과 의무를 강조하는 것을 흔히 공화
주의라 합니다.

　　　정리해보면 민주공화국이라 함은 국민이 주인으로 왕
없이 서로 화합하여 다스리는 나라라는 의미가 됩니다. 따라서
주인된 권력이 국민에게 있다는 건 당연하죠. 그렇기 때문에 2항
에는 모든 권력이 국민으로부터 나온다고 표현되어 있고,
오직 국민만이 권력자이기에 헌법 130개 조항 중에 권력이
라는 말은 1조 2항에서 딱 한 번 나옵니다. 이렇게 국민으로부
터 나온 권력이 입법권과 사법권, 행정권으로 나누어져서 각 국가
기관에 위임됩니다. 국민이 권력 중 법을 만드는 권력을 국회에
준 것이고, 법을 집행하는 권력을 대통령을 중심으로 한 행정부에
준 것이고, 재판을 하는 권력을 사법부에게 준 거예요. 이런 과정
을 통해 국가기관이 권한을 가지게 됩니다. 원래 이 기관들이 권

력을 가지고 있었던 게 아니에요. 권력을 위임 또는 위탁을 받아 잠시 사용하는 것뿐입니다. 가끔 소위 전문가라는 사람들이 시민들이 법원 판결에 의문을 제기하는 행동에 대해서 그러면 안 된다며 비판합니다. 말이 안 되는 소리에요. 모든 권력은 국민이 가지고 있고 각 국가기관은 그중 일부를 나누어 위임받은 것이기 때문에 국민의 뜻에 맞는 법을 만들고, 국민의 뜻에 맞게 집행하고, 국민의 뜻에 맞게 판결해야 해야 되고, 그렇게 하지 않았을 때 권력자인 국민은 당연히 비판할 수 있습니다.

그렇다면 어떻게 민주주의가 대세가 되었을까요? 민주주의의 시발점은 고대 그리스입니다. 민주주의라는 의미의 'democracy'라는 단어의 어원은 그리스어예요. 그런데 처음부터 민주주의가 환영을 받은 건 아니에요. 오히려 오랫동안 공포와 혐오의 대상이었어요. 처음부터 찬양을 받았다면 고대 그리스 이후 지속적으로 민주주의 제도를 유지했을 텐데 안 그랬다는 것을 보면 알 수 있지요. 민주주의는 1차 세계대전과 2차 세계대전을 거치면서 비로소 대세의 정치체제로 자리 잡습니다.

그렇다면 그동안 왜 공포와 혐오의 대상이었을까요? 플라톤은 민주주의를 싫어해서 철인이 나라를 통치해야 한다고 말했어요. 일반 국민은 무엇이 옳은지 분별할 수 있는 이성이 없

주민의 헌법

기 때문에 통치에 맞지 않는다고 생각했거든요. 아리스토텔레스는 민주주의는 애초에 가난한 사람들을 위한 정치체제라고 말했어요. 누구나 한 표씩 가지고 있는데 보통 사회에서는 가난한 사람들의 수가 많잖아요. 아리스토텔레스는 가난한 사람들 입장에서 사회가 운영되는 것이 잘못됐다고 봤습니다. 귀족들로서는 이러한 상황을 견딜 수 없었죠. 이런 식으로 민주주의는 공포와 혐오의 대상이 되었어요. 심지어 미국 건국 시에도 미국 헌법의 아버지들은 자신들이 새로 만든 헌법을 가리켜 민주주의 헌법이라고 하지 않고 민주주의를 막는 헌법이며 공화주의 헌법이라고 했어요. 민주주의에 대한 두려움으로 이런 현상이 벌어졌습니다. 이후 프랑스에서 공화주의라는 이름으로 자코뱅이 기요틴이라는 단두대로 사람들의 목을 쳤어요. 그 영향으로 사람들이 공화주의를 두려워하게 되면서 미국 헌법 앞에 공화주의라는 말보다 민주주의라는 이름을 가져오게 되었습니다.

　　그러던 중 1차와 2차 세계대전 이후 민주주의가 꽃을 피우게 되는데, 그렇게 된 이유가 있어요. 이전에는 전쟁이 일어나면 귀족들이 말을 타고 전쟁을 했습니다. 그러나 1·2차 세계대전은 인종, 성별, 빈부 상관없이 전 국민이 동원되어야 하는 총력전이었습니다. 전쟁에 동원되었던 국민들이 뭘 요구했을까요? 바로 투표권이었어요. 이전에는 일정 재산을 가진 백인 남성만 투표권을 가지고 있는 경우가 대부분이었고, 여성들과 흑인들은 대부분의 나라에서 투표권이 없었습니다. 이렇게 두 번의 세계대전을 거치면서 전쟁에 참여했던 유색인종, 여성들의 투표권 요구 운동이 일어났습니다. 이렇게 세계대전을 거치면서 투표권이 확장되는 과정 속에 민주주의는 이념적으로 활용되었고 이후 대세로 자리 잡게 되었습니다. 물론 앞서 얘기한 민주수의의 상섬, 사람들의 마음을 사로잡을 만한 장점이 없었다면 대세로 자리 잡지는 못했겠죠.

주민의 헌법

① 대한민국의 국민이 되는 요건은 법률로 정한다.
② 국가는 법률이 정하는 바에 의하여 재외국민을 보호할 의무
를 진다.

대한민국 국민이 된다는 것

2조 1항은 국민은 어떤 존재인가를 규정하고 있습니다. 이 세상
모든 사람이 대한민국 국민일 수는 없으니까 특별한 요건을 갖춘
사람만 대한민국의 국민이 될 수 있어요. 그런데 그 요건을 세세
하게 다 헌법에 규정할 수 없어서 법률로 정하라고 한 거예요. 이
미 설명드린 바와 같이 법률은 국회에서 만드는 법이니 결국 국회
에서 세세한 내용을 정하라고 한 거죠. 만약 조례로 정하라고 되
어 있으면 어디서 정하라는 걸까요? 각 지방자치단체가 알아서 정
하라는 게 되겠죠. 이후에도 이런 식으로 법률을 통해 구체적인
내용을 정하라는 표현이 반복해서 나오니까 잘 기억해두세요. 이
렇게 법률에서 국민의 요건을 정하라고 해서 국회가 만든 법률이
'국적법'입니다. 국적이란 국민의 자격 정도로 풀이됩니다.

그럼 국적법은 우리나라 국민이 되기 위한 요건을 어떻게 정하고 있을까요? 국적법은 우리나라 국민이 되는 자격을 출생에 의해, 인지에 의해 그리고 귀화에 의해 취득할 수 있다고 정하고 있습니다. 나라마다 국적을 부여하는 방식이 다른데, 우리나라는 '속지屬地주의'와 '속인屬人주의'를 동시에 쓰고 있어요. 우리나라 영토 내에서 태어나면 우리나라 사람이고, 부모가 우리나라 국적을 갖고 있으면 자식도 우리나라 국적을 주는 거죠. 만약 미국에서 한국인 부모가 아이를 낳았을 때는 어떻게 될까요? 미국 사람이에요? 아니면 우리나라 사람이에요? 일단 속인주의에 따라 한국 국적이 주어집니다. 또 미국은 속지주의를 따르는 나라이기 때문에 이 아이는 미국 국적도 받아요. 이렇게 되면 이 아이는 이중국적자가 됩니다. 그런데 우리 법에서 마냥 이중국적을 허용할까요? 아닙니다. 22세가 되기 전에 한쪽 국적을 선택하라고 되어 있어요. 이때 대한민국 국적을 포기하면 미국인이 되는 거고 미국 국적을 포기하면 한국인이 되는 거죠.

법률이란 게 이렇게 우리 생활과 밀접합니다. 여러분이 대한민국 국적을 가지고 있는 게 그냥 그렇게 된 게 아니에요. 대한민국 국적을 가지도록 법률에 의해 설계가 되어 있고 우리가 그 설계에 부합하는 요건을 갖추고 있기 때문에 그렇게 된 거예요. 이렇게 우리 삶에 영향을 많이 미치는 법률을 어디에서 만드나요? 바로 국회입니다. 국회는 여러분이 뽑은 국회의원으로 구성되잖아요. 그러니까 모두 정치에 관심을 많이 가져야 해요. 이렇게 우리 생활을 알게 모르게 정치인들이 다 정하고 있으니까요. 과도한 상상이긴 하지만 어느 날 나도 모르는 사이에 국회에서 대한민국 국적 갖고 있는 사람 전부 다 국적을 박탈한다 그러면 어떻게 될까요? 갑자기 국적 없는 사람이 돼버려요. 극단적인 예를 든 거긴 하지만 정치가 이렇게 우리에게 미치는 영향이 커요. 선거에서 누구를 뽑아야 법률을 잘 만들까, 누가 내 얘기를 귀담아 들으면서 법률을 만들까 잘 생각하면서 투표를 해야 합니다.

2조 2항은 재외국민을 보호할 의무에 대해 얘기하고 있습니다. 이번에도 구체적인 의무의 내용을 법률에서 정하라고 했는데, 이렇게 해서 만들어진 법이 '재외동포의 출입국과 법적 지위에 관한 법률'입니다. 재외국민은 본질적으로 대한민국 국적을 보유한 사람들이기 때문에 우리 정부의 보호를 차이 없이 받는다고 봐야 해요. 참고로 재외동포는 대한민국 국적을 가진 사람(재외국민 포함)과 그 직계 후손으로서 외국 국적을 가진 사람을 말합니다. 재외국민 얘기를 할 때 선거권 얘기를 빼놓을 수 없는데, 재외국민의 선거권 행사에 있어서는 많은 변화가 있었습니다. 해외 거주 대한민국 국민이 투표권을 행사하게 된 게 1967년 제6대 대통령 선거 때부터입니다. 1966년에 대통령선거법이 개정되면서 '해외 부재자투표'가 가능해졌거든요. 당시 독일에 건너간 간호사와 광부들, 베트남전에 참전한 군인들을 비롯해 해외에 체류 중인 우리 국민들이 우편을 통해 투표에 참여했습니다. 그런데 이때는 지금의 재외선거와는 조금 달랐어요. 지금의 재외선거는 재외국민이 참여할 수 있는데, 이때는 일시적인 해외체류자만 투표에 참여할 수 있었거든요. 그나마 1972년 유신헌법이 제정되면서 해외 부재자투표마저 사라지게 되면서 재외국민이 선거에 참여할 길이 없었어요. 2009년에 이르러서야 재외국민이 선거권을 행사할 수 있도록 하는 법안이 국회에서 통과됐고, 2012년에 실시된 제19대 국회의원 선거에서 재외국민은 처음으로, 해외체류자는 다시 투표권을 행사할 수 있게 되었습니다. 2017년 제19대 대통령 선거에는 재외 유권자의 75.3%인 22만 1,981명이 투표에 참여해 사상 최고의 투표율을 기록하기도 했습니다. 2022년 20대 대선의 경우에는 22만 6,162명 중 16만 1,878명이 참여해 투표율 71.6%를 기록(이전보다 하락)했고, 2024년 22대 총선은 재외유권자 14만 7,989명 중 9만 2,923명이 참여해 62.8%의 투표율을 기록(역대 총선 중 최고)하기도 했어요.

제 3 조

대한민국의 영토는 한반도와 그 부속도서로 한다.

북한의 이중적 지위

3조는 국가의 구성 요소 중 영토에 관한 조항입니다. 대한민국의 영토는 한반도와 그 부속 도서로 한다고 되어 있습니다. 한반도는 남한과 북한 모두를 포함하고, 부속 도서는 한반도에 속해 있는 섬을 말해요. 그런데 대한민국 영토가 한반도와 그 부속 도서라면 이상한 게 있죠. 대한민국은 한반도의 남쪽에 있고 북쪽에는 북한이 있잖아요. 그럼에도 불구하고 우리나라의 영토가 한반도와 그 부속 도서 일체라는 말은 무슨 말일까요? 북한을 나라로 인정 안 한다는 거예요. 이 조항에 의하면 북한은 대한민국 영토를 불법적으로 점령하고 있는 적대적 집단이에요. 그래서 이조항이 북한의 지배 체제를 찬양하는 행위를 처벌하는 국가보안법의 근거가 됩니다. 국가보안법이 대표적인 악법이라고 주장하는 사람들이 있는가 하면, 불법 집단인 북한으로부터 대한민국

총강

을 지키기 위해 반드시 필요한 법이라고 주장하는 사람들도 있어요. 어쨌든 국가보안법에 의하면 북한을 찬양한다든지, 북한을 따라가야 한다고 선동한다든지 하는 게 다 처벌을 받습니다.

그런데 북한의 지위는 우리나라와 적대하는 존재에 그치지 않아요. 평화통일의 상대방으로서의 지위도 가지고 있습니다. 이를 북한의 '이중적 지위'라고 해요. 북한은 우리에게 적대적인 불법 집단인 동시에 우리 입장에서는 어르고 달래서 평화통일을 이뤄야 하는, 그래서 항상 적대시만 할 수 없는 존재예요. 바로 뒤에 나오는 4조만 봐도 통일을 지향하고 평화적 통일을 추진해야 한다고 되어 있잖아요. 자, 어때요? 이 조항에 따르면 북한은 적대해야 할 대상이 아니라 평화적으로 포용해야 할 대상이 됩니다. 3조에 따르면 북한은 적대적 불법 집단이고, 4조에 따르면 평화적으로 통일을 이루어야 할 대상이에요. 3조에 따른 법률이 국가보안법이고, 4조에 따른 법률이 남북교류협력에 관한 법률입니다. 이 두 조항이 서로 모순되는 거 아니냐고요? 그렇지 않습니다. 무슨 얘기인가 하면 불법 집단이지만 잘 달래서 평화통일로 이끌어야 한다는 거예요. 남북 간의 정세가 때로 긴박해지더라도 북한은 적대적 존재인 동시에 대화의 상대방임을 잊지 말아야 합니다.

주민의 헌법

대한민국은 통일을 지향하며, 자유민주적 기본질서에 입각한 평화적 통일정책을 수립하고 이를 추진한다.

통일은 평화적으로

이 조항은 소위 '평화통일 조항'이라고 불려요. 대한민국은 통일을 지향하는데 그 통일은 평화적으로 이루어져야 한다고 정해놓은 거예요. 헌법을 쭉 살펴보면 통일을 위해 전쟁을 해야 한다는 말은 한마디도 없습니다. 무력 사용에 대한 내용이 한 번도 안 나와요. 이미 살펴본 바와 같이 헌법 전문에도 "평화적 통일의 사명에 입각하여 민족의 단결을 공고히 하여야 한다"고 되어 있습니다. 이뿐만 아닙니다. 다음에 나오는 5조에서도 침략 전쟁을 부인하고 있어요. 통일을 위해 적극적으로 전쟁을 수행하는 것은 헌법상 불가능한 일입니다. 대통령의 의무를 정한 66조에도 "대통령의 평화적 통일을 위하여 성실히 노력해야 할 의무"로 또 평화통일 얘기가 나오죠. 대통령이 취임할 때도 헌법 69조에 의해 선서를 하게 되는데 여기에도 '평화적 통일을 위해 노력한다'는 내용이 나옵니다. 이렇게 우리 헌법에서는 여러 차례 그리고 지속적으로 평화통일에 대한 의지를 천명하고 있어요. 그렇기 때문에 북한을 적대시하기만 해서는 안 되고 평화통일의 상대방으로 인정해서 대화하려는 노력을 지속적으로 기울이는 게 우리 헌법에 부합하는 일입니다. 오히려 북한을 적으로만 여기고 대화를 하지 말라고 하는 것이 우리 헌법에 위반되는 것임을 기억할 필요가 있습니다.

주민의 헌법

① 대한민국은 국제평화의 유지에 노력하고 침략적 전쟁을 부인한다.
② 국군은 국가의 안전보장과 국토방위의 신성한 의무를 수행함을 사명으로 하며, 그 정치적 중립성은 준수된다.

국군이 수행할 수 있는 전쟁의 범위

5조 1항에서는 침략 전쟁을 부인한다고 되어 있습니다. 이렇게 헌법에서 침략적 전쟁을 부인하고 있는데 우리가 북한을 상대로 적극적으로 전쟁을 일으킬 수 있습니까? 우리 헌법은 평화주의 헌법으로 분류되어 있어요. 무조건 전쟁을 하면 안 된다는 건 아니지만 우리가 먼저 침략하는 전쟁은 할 수 없습니다. 그런데도 일부 정당의 국회의원들이 북한과의 긴장이 높아지면 북한을 공격하자고 한다거나 북한을 공격하기 위해서 핵을 갖다 놔야 한다는 식의 이야기를 하곤 합니다. 다 헌법을 모르거나 무시하고 하는 이야기입니다. 국회의원이 헌법을 무시하는 말을 너무 쉽게 하는 거죠. 참고로 최근 일본이 전쟁이 가능한 나라로 변화하려고 해서 많은 논란이 있는데, 일본 헌법 9조와 관련된 이야기입니다. 일본 헌법 9조는 "① 일본 국민은 정의와 질서를 기조로 하는 국제 평화를 성실히 희구하며, 국권의 발동인 전쟁과 무력에 의한 위협 또는 무력의 행사는 국제 분쟁을 해결하는 수단으로서는 영구히 이를 포기한다. ② 전 항의 목적을 달성하기 위하여, 육해공군 그 외 전력은 이를 보유하지 아니한다. 국가의 교전권은 이를 인정하지 아니한다."라고 되어 있어서 전쟁을 하지 못할 뿐만 아니라 전쟁을 하기 위한 군대도 가질 수 없습니다. 그런데 일본 정부는 2022년 12월 16일 각의閣議(국무회의)에서 적의 미사일 발사 거점 등을 공격할 수 있는 '반격 능력' 보유를 명기하고 방위력을 대폭 강화하는 방향으로 '국가안전보장전략' 등 3대 안보 문서 개정을 공식 결정했습니다. 이러한 반격 능력의 보유는 장사정 미사일 등 원거리 공격무기의 확보를 전제로 하기에 일본의 평화헌법과 그에 기초한 전수방위專守防衛(공격을 받을 경우에만 방위력 행사 가능) 원칙에 위배될 수 있다는 지적을 받고 있어요.

2항은 국군에 관한 얘기예요. 대한민국의 군대는 '국군'이라고 부릅니다. 국민군이라거나 해방군이라거나 하는 식으로 부를 수 없어요. 헌법에 국군이라고 이름이 명시되어 있기

주민의 헌법

때문입니다. 국군의 의무에 대해서도 헌법에 정확히 적혀 있습니다. 국가의 안전을 보장하고 국토를 방위해야 하며 정치적으로 중립을 지켜야 한다고 말이에요. 그래서 군대가 정치에 개입할 수 없어요. 중립이어야 하니까요. 그런데 어땠습니까? 군인이 정치적 중립 의무를 위반하고 정치 개입을 했었죠. 박정희 정권이 그랬고, 전두환 정권과 노태우 정권도 그랬습니다. 2012년 대선 당시 군 사이버사령부 등이 인터넷에 정치적으로 편향된 댓글을 다는 등 여론 조작을 시도했죠. 대선 개입을 한 겁니다. 이 일을 계기로 군형법이 바뀌었어요. 과거에는 "정치단체에 가입하거나 연설, 문서 또는 그 밖의 방법으로 정치적 의견을 공표하거나 그 밖의 정치운동을 할 경우 2년 이하의 금고에 처한다."라고 되어 있었던 것을 군인이 법으로 금지되어 있는 정치 관여 행위를 할 경우 5년 이하의 징역형에 처해지도록 처벌 규정이 강화되게 개정됐습니다. 세월호 참사 이후에도 군의 기무사가 세월호 유족들 등 민간인 및 정치인을 사찰하고 정치 관련된 여러 의견서를 청와대에 보내고 한 일이 드러났고, 특히 2017년 박근혜 탄핵 당시에는 계엄을 선포하기 위한 문건을 작성한 시간이 드러났는데, 이것이 국군의 정치적 중립 의무를 어겼다, 헌법을 문란케 했다 해서 문제가 되었습니다. 이런 일의 재발을 방지하기 위해 2018년, 문재인 정부는 기무사의 정치 개입과 불법 행위를 근절하기 위해 기무사를 해체하고 새로운 조직인 군사안보지원사령부(안보지원사)로 격하되었으나 2022년 11월 국군방첩사령부로 다시 되살아 났습니다.

조약이 입법권을 침해한다고?

헌법에 의하여 체결·공포된 조약과 일반적으로 승인된 국제법
규는 국내법과 같은 효력을 가집니다. 그리고 60조를 보면 "국회
는 상호원조 또는 안전보장에 관한 조약, 중요한 국제조직에 관
한 조약, 우호통상항해조약, 주권의 제약에 관한 조약, 강화조약,
국가나 국민에게 중대한 재정적 부담을 지우는 조약 또는 입법
사항에 관한 조약의 체결·비준에 대한 동의권을 가진다."라고 하
여 국회의 동의권을 규정하고 있습니다. 그렇다면 조약을 체결
하고 비준하는 것은 누구일까요? 바로 대통령입니다. 행정부가
협상, 체결, 비준이라는 조약 관련 절차를 쭉 진행하는데, 이 과
정에서 방금 60조에서 열거된 그런 조약의 경우에는 특별히 국

회의 동의를 얻어야만 효력을 가질 수 있습니다. 그 외의 조약은 국회의 동의 절차 없이 체결·비준되고요.

　　질문을 한번 해볼게요. 조약이 체결되어 공포되면 국내법과 같은 효력을 가진다고 했는데, 국회 동의를 받은 조약과 국회 동의를 안 받은 조약을 모두 합친 수와 국회에서 만든 법의 수를 비교했을 때 어느 것이 더 많을까요? 당연히 법률이 많으리라고 많은 사람들이 생각하지만 실제로는 조약이 훨씬 더 많습니다. 거의 두 배가 넘습니다. (2023년 12월까지 체결·발효된 조약은 3,506건이고 법제처에 수록된 법률은 총 1,597건) 그렇다면 체결·승인된 조약 가운데 국회 동의를 받은 게 더 많을까요? 아니면 안 받은 게 더 많을까요? 안 받은 조약이 훨씬 더 많습니다. 결과적으로 국회 동의 없이 행정부가 마음대로 국내법과 동일한 효력을 가지는 조약을 많이 체결하였다는 거죠. 법은 국회가 만드는데 국내법과 동일한 효력을 가지는 조약을 행정부가 많이 체결하다 보니 행정부가 국회의 입법권을 침해한다고 지적하는 사람도 있어요.

　　재미있는 것은 어떤 조약에 대해 국회 동의가 필요한지 여부를 결정하는 주체가 바로 정부라는 겁니다. 분명 국회 동의가 필요할 것 같은데도 정부 측에서 국회 동의가 필요 없는 것으로 판단해버리면 끝이에요. 예를 들어 박근혜 정부 당시 추진

　　　　　　　　　　　　　　　　　주민의 헌법

되었던 한일군사정보보호협정은 어땠습니까? 민감한 군사적 정보를 일본과 공유하는 내용임에도 불구하고 국회 동의를 안 받았습니다. 왜일까요? 정부가 그렇게 판단했기 때문입니다. 그런데 60조를 한번 살펴보세요. 군사에 관한 조약은 국회의 승인을 받도록 되어 있어요. 그럼에도 당시 박근혜 정부는 한일군사정보보호협정에 대해 국회 동의가 필요 없는 것으로 분류해서 국회로 보내지 않았어요. 2023년 미국 대통령의 별장이자 여러 외교적 주요 합의가 이루어졌던 장소인 캠프 데이비드에 한미일 정상이 모여 정상회담을 했어요. 이 정상회담 끝에 합의문이 하나 발표되는데 이것을 '캠프 데이비드 선언'이라고 부릅니다. 이 선언은 북한의 미사일 및 핵 위협에 대응하기 위한 3국 간 실시간 정보 공유나 연합 훈련과 방어 시스템 강화 등 헌법상 국회 동의가 필요한 군사적 내용을 담고 있었죠. 즉, 윤석열 정부가 국회 동의 없이 결정하여 추진할 수 없는 사안이지만 국회의 동의를 받지 않았어요. 비록 이 선언이 '국제법 또는 국내법 하에서 권리 또는 의무를 창설하는 것을 의도하지 않는다'고 규정하고 있으나, 선언의 내용은 앞서 이야기한 바와 같이 한미일 군사동맹 구축에 준하고 한미상호방위조약의 범위를 벗어나 한국군이 지역 분쟁에 개입할 발판을 만드는 것으로, 한반도·동북아 평화와 시민들의 삶에 지대한 영향을 미치는 안전보장에 관한 사안이기에 충분

국회 동의가 필요한지
아닌지는 내가 정한다!
한일군사정보보호협정도
그냥 맺을 거야!

군사에 관한 조약은
국회 승인이 필요하다고
헌법에 나와 있는데…

주민의 헌법

한 사회적 논의와 국회의 동의가 반드시 필요한 것이었습니다.

이런 일이 일어나는 이유는 조약 체결에 관련된 절차법이 우리나라에 없어서입니다. 법이 없으니까 헌법 규정을 자의적으로 해석하는 거예요. 미국은 달라요. 미국은 일일이 의회의 승인을 받아야 해요. 의회 승인만으로 끝나는 게 아니라 각 주 의회의 승인을 또 받아야 합니다. 이런 절차가 법으로 규정되어 있어서 굉장히 통제가 잘돼요.

한미FTA를 예로 들어보죠. 우리나라에서는 국회 동의를 받았는데, 미국에서는 어땠을까요? 미국은 의회에서 조약 관련 이행법을 만들어야하고 각 주마다 이행법에 맞추어 각 주의 법을 개정하는 작업을 거쳐야 했습니다. 어떤 주에서 이행법에 맞추어 그 주의 법을 개정하지 못하면 그 주에선 효력을 갖지 못합니다. 그러니 우리나라와 같은 내용으로 미국도 한미FTA의 영향을 받는지 아닌지에 대해서 지금도 의구심을 갖는 사람들이 있습니다. 민변이나 참여연대 같은 단체에서 이런 걸 확인하고 FTA를 체결해야 한다고 주장해오기도 했고요. 중요한 조약을 국회의 동의 없이 정부 마음대로 체결하는 것을 통제하기 위하여 『조약의 체결·비준에 관한 민주적 통제를 위한 법률안』을 대표발의했습니다. ①국무총리 소속으로 조약체결심의위원회를 두고 ②작성된 조약 문안을 국민 일반에 알리도록 하며 ③협상 체결의 주요 진행 상황을 국회에 보고하도록 하고 ④국회는 협상 방향 등에 관한 의견을 제시할 수 있으며 ⑤체결, 공포된 조약 가운데 지속적인 점검의 필요가 있는 경우에는 매년 그 이행 상황을 평가하여 국회에 보고하도록 하는 법안이에요.

　　2항에서 외국인에 대해 지위를 보장하겠다는 것은 우리나라가 국제사회의 일원임을 인정하는 동시에 국제 평화와 인류 공영에 이바지하겠다는 헌법 전문의 정신을 표방하는 것이기도 합니다. 다만 국제법과 조약에 따라 지위를 보장하기 때문에 항상 내국인과 동일한 권리를 갖는 건 아니에요. 외국인의 경우 국회의원이나 대통령에 대한 선거권이 주어지지 않고, 토지 소유 등에 있어서는 외국인토지법의 적용을 받습니다.

◆ 제7조 ◆

① 공무원은 국민전체에 대한 봉사자이며, 국민에 대하여 책임
   을 진다.
② 공무원의 신분과 정치적 중립성은 법률이 정하는 바에 의하
   여 보장된다.

왜 독일 국민들은
군인의 정치적 표현의 자유를 원했을까

7조는 공무원의 지위와 책임에 관해 다룹니다. 1항에서 공무원
이 국민 전체에 대한 봉사자라 한 것은 특정한 사람들을 위해서
일하지 말고 국민 전체의 이익을 위해 일하라는 의미예요. 그런
데도 가끔 공무원들이 이걸 잊고서 권력자의 종이라도 된 양 국
민을 무시하는 경우가 있습니다.

　　　2항은 공무원이 권력에 휘둘리지 않고 국민을 위해 일
하도록 하기 위해 공무원의 신분과 정치적 중립성을 보장해주고
있는데, 이 조항에 따라 만들어진 법이 바로 '국가공무원법'입니
다. 최근 공무원의 정치적 중립성과 관련해 논쟁이 있는데, 바로

공무원에게 정치적 표현의 자유를 보장해줄지 말지 하는 문제입니다. 공무원에게 정치적 표현의 자유를 부여하면 정치적 중립성이 훼손될까 봐 걱정하는 의견이 있는가 하면, 공무원도 국민이기에 적어도 일반적 수준의 표현의 자유는 누릴 수 있어야 한다는 의견도 있습니다. 두 가지 주장 중에 어느 쪽이 맞는 것 같습니까?

현재 국가공무원법에 따르면 공무원의 정치적 표현은 극히 제한되어 있습니다. 그래서 세월호 참사 때 전교조 소속 교사들이 청와대 게시판에 '박근혜 정부는 물러나라.'라고 글을 썼다는 이유로 해직되기도 했어요. 저는 공무원에게 정치적인 기본권을 부여해줄 필요는 있다고 봅니다. 앞서 설명한 것처럼 공무원도 국민이기에 일정 정도의 표현의 자유를 부여해주는 게 당연하다는 것이 한 가지 이유고, 여기에 한 가지 이유가 더 있습니다. 그 이유를 설명하기 위해서 2차 세계대전 이후 독일 이야기를 해보죠.

2차 세계대전 이후 서독에는 군대가 없었어요. 두 차례 세계대전의 주범이었으니 군대를 없애야 한다고 생각했기 때문입니다. 그런데 1950년 한국전쟁이 일어나면서 상황이 바뀌어버려요. 유럽에 주둔해 있던 미군이 한반도로 오면서 미국 정부가 서독의 아데나워 정부에게 군대를 만들라고 합니다. 공산주의를 막는 역할을 서독이 해달라는 거죠. 아까 일본 이야기를 잠시 했었죠. 일본은 군대도 가지고 싶어 하고, 다시 전쟁도 할 수 있는 나라가 되길 원하죠. 그렇다면 당시 서독 사람들이 일본 보수 세력처럼 다시 군대를 갖게 되는 걸 반겼을까요? 아닙니다. 전 국민이 반대 운동에 나섰습니다. 반대를 위한 서명 운동도 뜨거웠고요. 반대가 너무 심했기 때문에 반대 운동을 주도했던 공산당을 해산시키기까지 했어요. 결국 정부가 타협안을 제시하며 국민들을 설득해 겨우 군대를 만들 수 있었습니다. 이 타협안의 내용이 중요한데, 독일 군인을 '제복 입은 시민'으로 만든다는 거였습니다. 제복 입은 시민으로 만든다는 게 뭐냐 하면 군인에게 일반 국민과 똑같이 집회의 자유, 정치적 표현의 자유, 정당 가입의 자유를 갖게 해주는 거예요.

왜 서독 국민들은 군인에게 이런 자유를 주는 타협을 받아들였을까요? 서독 사람들이 군대 창설을 반대했던 이유는 양차 대전과 유대인 학살 등 잔악한 범죄를 군대가 범했다고 생각했기 때문입니다. 그럼 독일 군인들이 원래 그렇게 잔인하고 도덕적으로 무감각한 사람들이어서 그런 잘못을 저질렀을까요? 그들도 평범한 사람들 아니었을까요? 평범한 사람들이 그런 참극에 동참한 건 불법적이고 잔인한 명령을 거부하지 못하고 순

응했기 때문이라고 보는 게 더 정확하지 않을까요? 그래서 서독 사람들은 공무원들이 위법적이고 위헌적인 명령에 따르지 않고 헌법을 따르게 만들려면 발언권을 행사할 수 있게 해주는 게 효과적이고 필요하다고 봤습니다. 그렇기 때문에 군인들이 위법한 명령을 거부할 수 있도록 정치적 표현의 자유를 보장해줬습니다. 다시 말해 군인들을 위해서 정치적 자유를 부여해준 것이 아니라 국민들을 군인들로부터 보호하기 위해 군인들에게 정치적 자유를 부여한 것입니다. 우리나라에도 군대와 관련된 아픈 기억이 많죠. 제주 4·3사건, 5·18광주민주화운동, 4·19혁명. 모두 어땠습니까? 우리 국군에 의해 우리 국민이 죽는 일이 벌어졌습니다. 또 군사 쿠데타도 있었고, 군의 정치 개입도 있었습니다. 이런 과거를 생각해보면 우리나라야말로 군인들을 군복 입은 시민으로 만들어야 하는 게 아닐까 싶어요. 특히 2024년 12월 3일에는 비상계엄이라는 이름으로 군이 동원된 내란이 있었지만 좌절된 데에는 위법한 명령을 따르지 않았던 현장 지휘관 이하 장병들의 용기가 큰 역할을 했습니다. 이것이 제가 말하려 했던 공무원에게 정치적 자유를 주어야 하는 두 번째 이유입니다.

다른 나라의 사정은 어떨까요? 전 세계 대부분의 나라

주민의 헌법

에서 공무원과 교사의 정치적 표현의 자유를 보장해주고 있습니다. OECD 국가 가운데 우리나라처럼 공무원과 교사의 정치적 의사 표현을 전면적으로 제약하는 나라는 없어요. 미국은 어떤가 하면 정치적인 이슈나 선거 후보자에 대해 의견을 낼 수도 있고 정당 활동도 할 수 있어요. 오바마 대통령 당선 당시 최대 지지 세력도 교사 노조였고요. 영국과 프랑스, 독일은 근무 시간 외에 정치 활동 하는 건 폭넓게 허용해줘요. 우리랑 다르죠. 이런 이유로 유엔인권이사회가 2011년 한국 정부에 교사와 공무원의 정치적 의사 표현의 자유를 보장하라고 권고하는 보고서를 채택하기도 했고, 2019년에 국제노동기구ILO는 한국 교사의 기본 시민권(공무원의 정치단체 가입 등)을 보장할 것을 4번째 권고하기도 했습니다.

① 정당의 설립은 자유이며, 복수정당제는 보장된다.

② 정당은 그 목적·조직과 활동이 민주적이어야 하며, 국민의 정치적 의사형성에 참여하는데 필요한 조직을 가져야 한다.

③ 정당은 법률이 정하는 바에 의하여 국가의 보호를 받으며, 국가는 법률이 정하는 바에 의하여 정당운영에 필요한 자금을 보조할 수 있다.

④ 정당의 목적이나 활동이 민주적 기본질서에 위배될 때에는 정부는 헌법재판소에 그 해산을 제소할 수 있고, 정당은 헌법재판소의 심판에 의하여 해산된다.

정당 해산 조항은
정당을 보호하기 위한 것

정치와 관련해서 정당에 대한 논쟁이 굉장히 많았습니다. 정당을 현대 정치에서 필수불가결한 요소로 보게 된 지는 얼마 안 됐어요. 정당이 오히려 민주주의에 역행한다고 봤던 정치학자도 많았거든요. 민주주의라면 국민의 의사가 반영되어야지 왜 정당의 의사가 반영되는가를 지적하며 정당이 민주주의를 왜곡한다고 봤어요. 정당이 국민을 대변하는 게 아니라 정당의 독자적 이익을 대변한다고 생각했기 때문이에요. 그러다가 국가 규모가 커지고 인구가 늘어나면서 사회적 갈등의 종류와 가짓수가 많아지고 민주주의도 발달하게 되면서 개개 국민을 일대일로 상대하려고 하다 보면 정치가 제대로 작동되기 어렵기 때문에 국민의 요구와 의사를 묶어주는 매개체가 필요하다는 쪽으로 생각이 바뀌었어요. 그 매개체가 바로 정당입니다. 이렇게 정당이 민주주의에서 필수적인 걸로 받아들여지게 되면서 정당에 대한 조항이 헌법에 들어가기 시작했어요. 프랑스의 경우 1958년에 제정된 제5공화국 헌법까지도 정당에 대한 조항이 없었습니다. 우리나라 역시 제1공화국 헌법에는 정당에 대한 조항이 없었고요. 3차 개정 헌법부터 정당에 대한 규정이 들어가게 됐어요. 정당법도 만들어져 있죠. 물론 지금도 헌법에 정당에 대한 조항이 없는 나라들이 훨씬 더 많습니다. 일본도 그중 하나입니다.

1항에는 정당 설립을 자유롭게 할 수 있다고 되어 있습니다. 자유로이 설립할 수 있으니까 당연히 두 개 이상의 정당이 존재할 수 있다는 복수정당제가 보장되고요. 독재국가는 어때요? 일당독재는 정당이 하나라는 말인데, 독재 권력에 대해 이견을 내면 안 되니 정당이 하나밖에 없습니다. 민주주의는 다양한 이견이 존재하고 이견 그룹 간 경쟁을 바탕으로 발전하는 만큼 당연히 다양한 정당이 있어야 하죠. 단, 아무렇게나 정당을 설립할 수 있는 건 아니에요. 우선 정당은 목적, 조직, 활동이 민주적이어야 합니다. 그리고 국민의 정치적 의사 형성에 참여하는 데 필요한 조직을 갖추어야 합니다. 그런데 정치적 의사 형성에 참여하는 데 필요한 조직을 갖추어야 한다는 부분이 좀 문제가 돼요. 정당법에서 국민의 의사 형성에 참여하려면 조직이 이 정도는 돼야 한다고 하면서 정해놓았거든요. 각 시도당은 최소 1,000명 이상의 당원이 있어야 하며, 최소 다섯 개 권역에 시도당이 있어야 한다는 식의 규정이 있습니다. 결국 전국적인 규모의 조직이 있어야 정당으로 인정받을 수 있다는 얘기예요. 이 규모에 미달하면 정당의 요건을 갖추지 못했다고 해서 정당으로 인정해주질 않아요. 독일을 비롯한 유럽은 우리와는 다릅니다. 전국적 조직을 정당 설립 요건으로 내세우고 있질 않아요. 그래서 한 지역만 커버하는 정당도 있어요. 독일에서 기독민주당과 연합하곤 하는 기독사회당은 독일 남부에 있는 바이에른주를 기반으로 하는 지역 정당입니다. 우리나라에 이런 지역 정당이 있을 수 있을까요? 아까 말했듯이 불가능합니다. 법률상 지역 정당이 아예 존재할 수 없게 되어 있어요. 무조건 전국 정당이 되어야 한다는 거죠.

4항은 위헌정당 해산에 대한 내용입니다. 이건 민주주의를 훼손하려는 시도를 막기 위해 만든 거예요. 과거 독일에서 나치당의 폐해를 겪고 나서 만들어진 개념과 제도인데, 다 아시다시피 독일의 나치당은 폭력 혁명으로 정권을 차지한 게 아닙니다. 정당을 만들고 그 정당이 선거에서 많은 표를 얻어 정권을 장악했습니다. 나치당처럼 민주적 절차로 만들어진 정당이 민주주의를 훼손하고 결국 민주주의에 위협이 되는 경우를 막기 위해서 정당을 해산할 수 있는 제도를 마련하게 되었어요. 헌법에 의해 정당 해산 제도가 인정된다고 하여 정당을 쉽게 해산시켜 버리면 안 됩니다. 이 조항은 정당을 보호하는 기능도 수행합니다. 정당이 해산되기 위해서는 첫째 목적이나 활동이 민주적 기본 질서에 위배되어야 하고, 둘째 정부가 헌법재판소에 제소해야 하고, 셋째 헌법재판소에서 해산 여부를 판단합니다. 이렇게 3단계를 거치는 까다로운 조건이 필요하죠. 즉, 이 조항은 최후의 경우 정당에 의한 민주주의 훼손을 막기 위해 정당을 해산하도록 하지만 최후의 경우가 아니라면 정당을 강제로 해산하기 어렵게 만든다는 정당 보호의 성격도 가지고 있습니다.

여기서 논란이 된 내용 하나 살펴보겠습니다. 정당 해산 요건에 대해 설명할 때 헌법에서 뭐라고 했나요? "민주적 기본질서에 위배될 때"라고 되어 있죠? 개헌 논의 과정 등에서 '자

개념 및 관계	태도
민주적 기본질서와 자유민주적 기본질서는 사실상 차이가 없는 개념이다.	두 용어 사이에 차이가 없으니 현행대로 유지해도 별 문제 없다.
	두 용어 사이에 차이가 없으니 개헌 등을 통해 하나로 통일하자.
민주적 기본질서와 자유민주적 기본질서는 서로 다르다. 민주적 기본질서가 자유민주적 기본질서보다 큰 개념으로 민주적 기본질서라는 개념에는 자유민주적 기본질서 외에도 사회민주주의 혹은 사회주의 민주주의적 기본질서 등의 개념도 포함된다. 정당 해산의 경우 자유민주적 기본질서를 훼손하는 것만으로는 부족하고 모든 민주주의적 요소를 부정해야만 정당이 해산되는 것으로 봐야 한다.	헌법의 각 조문에서 양자가 명확하게 구분되어 사용되고 있는 만큼 현행대로 유지하자.
	우리가 사회민주주의 혹은 사회주의 민주주의를 용인할 수 없기에 모두 자유민주적 기본질서의 의미로 해석하거나 개헌 등을 통해 용어를 자유민주적 기본질서로 통일하자.
	정당 해산의 요건에서 보듯이 민주적 기본질서를 체제의 근간으로 봐야 하기에 모두 민주적 기본질서와 같은 의미로 해석하거나 개헌 등을 통해 민주적 기본질서로 용어를 통일하자.

유민주주의적 기본질서'라고 쓸 것인가 '민주적 기본질서'로 쓸 것인가 하는 문제가 논란이 되었습니다. 우리 헌법의 전문과 4조에는 '자유민주적 기본질서'라고 되어 있는 데 반해 지금 살펴본 8조의 경우 '민주적 기본질서'라고 되어 있어서 이 양자의 개념과 관계에 대해 몇 가지 주장이 있는 것입니다. 이 주장들을 말로 하면 길어지는 관계로 대략 표로 정리해보면 위와 같습니다. 표의 내용 중 위 두 가지 태도는 민주적 기본질서와 자유민

주적 기본질서가 사실 같은 개념이라고 본다는 점에서 같고, 그 아래 세 가지 태도는 민주적 기본질서와 자유민주적 기본질서는 다른 개념이라고 보는 점에서 같습니다. 여러분도 어느 주장이 맞는지 한번 고민해보세요. 간단한 문제 같지만 우리 현대사를 관통하고 있는 논란의 한 단면일 수 있어요.

다시 정당 해산 얘기로 돌아와 보죠. 실제로 정당 해산은 전 세계적으로 거의 유래가 없는 일입니다. 독일에서 두 번 정도, 터키에서 세 번 정도 그런 일이 있어요. 아까 말씀드렸듯이 정당 해산 제도를 둔 이유는 정당을 해산시키기 위해서가 아니라 정당을 보호하기 위해서입니다. 이 정도 요건이 되어야만 정당을 해산시키라는 의미죠. 정당 해산에 관한 조항이 헌법에 명시된 계기를 보면 이런 의도가 더욱 명백해집니다. 1959년 조봉암 선생이 사형당했을 때 그가 속했던 정당도 같이 해산됩니다. 당시에는 헌법에 정당 해산에 관한 조항이 없었어요. 그래서 행정부의 명령만으로 아주 간단하게 해산되고 말았거든요. 이 일을 계기로 정부가 정당을 마음대로 해산할 수 없도록 보호해야 할 필요성을 느끼게 됐고, 정당 해산 조항이 헌법에 도입되었어요.

그런데 2014년에 소위 '통진당(통합진보당) 사건'으로 정당이 헌법재판소의 결정에 따라 해산됐습니다. 정당이 해산된

후에 대법원은 통진당 구성원들이 내란 선동을 했다고 판단을 했는데 이 내란 선동을 인정하는 구조에 대해서는 학계에서 논란이 많았어요. 표현 행위를 제한할 때는 기본 원칙이 있습니다. 어떤 표현이 명백하게 현존한 위험을 야기할 정도가 돼야 그 표현 행위를 제한할 수 있다는 거예요. 그냥 표현으로만 그치면 제한할 수 없어요. 이걸 '명백현존한 위험의 원칙'이라고 합니다. 예를 들어서 제가 "내일 당장 지구를 멸망시켜 버릴 거야."라고 하면 처벌될까요? 지구 멸망이라니, 정말 위험한 일이잖아요. 하지만 처벌되지 않습니다. 명백하고 현존한 위험이 없기 때문이에요. 제가 지구를 멸망시킬 능력이 없잖아요. "당신에게 10톤짜리 바위를 떨어뜨릴 거야."라고 말하면요? 이것도 처벌 안 돼요. 10톤짜리 바위를 떨어뜨릴 수 없으니까요. 명백하고 현존한 위험도 없는데 표현만으로 처벌하는 건 자유주의 국가, 민주주의 국가에서는 있을 수 없는 일이라고 봅니다.

　　실제로 미국에서는 이런 일이 있었어요. 시위를 진압하러 온 경찰들에게 한 대학생이 이렇게 말합니다. "우리가 내일 이곳에 또 모인다면 너희를 가만두지 않겠어." 그런데 이 말로 기소가 됐어요. 굉장히 위험한 발언을 했다는 이유로요. 이 학생은 처벌을 받았을까요? 안 받았습니다. 왜냐고요? 사실 가만두지 않겠다는 말은 상당히 강한 표현이죠. 하지만 지금 당장 하겠다는

주민의 헌법

말은 아니었어요. '내일 여기에 또 모인다면'이라는 조건이 붙었죠. 내일 여기 올지 안 올지 확정이 안 됐어요. "지금 당장 널 죽이겠어."랑 "혹시 내일 여기 다시 오게 된다면 널 죽이겠어."는 다르잖아요. 그래서 연방대법원은 무죄라고 판결합니다. '지금 당장은 아무것도 안 하겠다는 이야기이자, 한다고 해도 불확정적인 사실에 연관되어 뭔가를 한다는 이야기'이므로 명백현존한 위험이 없어 무죄라고요. 아무리 위험한 얘기를 했다 하더라도 그 위험한 얘기라는 것이 실제로 실현될 가능성도 함께 따져봐야지 내용 자체가 세다 안 세다만 가지고 처벌할 수 없다는 거예요. 센 내용의 얘기라도 실현 가능성이랑 결합해서 보면 별거 아닌 말이 되어버리는 경우도 많으니까요. 이것이 미국 연방대법원의 태도입니다.

이런 미국 연방대법원의 태도를 대법원의 통진당 내란 선동 인정과 연결시켜 대법원의 판결을 비판하는 견해가 있어요. 대법원에서도 통진당 사람들이 거의 실현이 불가능한 상황인 한반도에서의 전쟁 발발 상황을 전제로 했다는 걸 인정합니다. 즉, 통진당의 일부 사람들이 모여서 일어나기는 어렵지만 만약 '전쟁이 일어나면' 주요 거점 시설을 점거하고 압력솥 폭탄도 만들자는 등의 이야기를 나눴다는 거예요. 그럼에도 우리는 분단되어 있기 때문에 실현 가능성이 명백하거나 현존하지 않더라도 말의 내용이 너무 세면 처벌할 수밖에 없다고 결론을 내립니다. 내란 선동이 된다는 거예요. 이 판결을 보면 2차 세계대전 혹은 베트남전쟁 무렵 표현 행위를 규제하던 미국 판결하고 좀 비슷합니다. 미국의 경우를 보면, 명백현존한 위험의 원칙이 항상 일관되게 유지된 건 아니에요. 사회 분위기에 따라서 표현 행위의 자유가 때로는 확대되기도 하고 때로는 줄어들기도 하고 그랬어요. 2차 세계대전이나 베트남전 같은 전쟁 시기에는 표현 행위의 자유의 폭을 좁게 해석하다가 평화기에는 표현 행위의 자유를 확대해서 해석하는 식으로 왔다 갔다 했어요. 베트남전 당시에는 징병 거부자들이 "이 따위 나라 망해버려야 해." 이러면 처벌해버렸어요. 나라가 전쟁 중인데 센 발언을 하면 그 실현 가능성을 떠나서 처벌해야 한다는 취지였죠. 바로 이런 2차대전 혹은 베트남전 당시 미국 판결처럼 대법원은 표현의 자유의 폭을 좁게 해석하여 내란 선동 여부를 판단했다는 것입니다.

　　이렇게 넓은 기준을 적용한다면 2024년 12월 3일 있었던 내란 행위를 정당화하기 위해 일부 정치인, 언론인, 법률인들이 했던 언행은 어떻게 평가될 수 있을까요? 솔직히 저는 이것을 내란을 선전했다고 볼 수 있다고 생각합니다.

주민의 헌법

국가는 전통문화의 계승·발전과 민족문화의 창달에 노력하여
야 한다.

문화 발전을 위한 노력도 국가의 일

9조는 문화 진흥의 의무를 국가에 지우고 있습니다. 문화를 진흥
한다고 해서 특정 문화를 지원하고 다른 문화는 억압해서는 안
되죠. 이것은 오히려 문화를 죽이는 일이 될 것입니다. 문화 진흥
의무는 무상 의무교육 제도나 평생교육 제도를 두고 이를 지원하
는 내용도 포함됩니다. 전통문화의 맥을 잇고, 양심의 자유, 언론
출판의 자유 등을 보장하여 문화 창달의 기반을 만드는 것도 포
함되고요. 더 나아가서 헌법 전문에서 이야기했던 문화 영역에
서 각인의 기회를 균등히 하는 것 역시 포함될 것입니다. 자신이
원한다면 큰 어려움 없이 문화를 즐길 수 있어야 하고, 문화예술
업에 종사할 수도 있어야 합니다. 다양한 사람들의 다양한 문화
적 시도가 가능해지면 자연히 문화는 꽃피기 때문입니다.

제2장
국민의 권리와 의무

☑ 제10조 – 제39조

모든 국민은 인간으로서의 존엄과 가치를 가지며, 행복을 추구할 권리를 가진다. 국가는 개인이 가지는 불가침의 기본적 인권을 확인하고 이를 보장할 의무를 진다.

기본권의 어머니 조항

헌법 2장은 전체적으로 국민의 기본권과 관련된 내용을 다루고 있습니다. 국민 입장에서는 기본권이 제일 중요한데, 기본권을 잘 알아두면 나중에 요긴하게 쓰일 때가 있을 거예요. 좀 전통적인 비유라서 마음에 안 들 수도 있겠지만 10조는 '기본권의 어머니 조항'이라 불립니다. 모든 기본권의 기본으로, 이 조항에서 많은 기본권이 태어나거든요. 기본권의 아버지 조항도 있습니다. 바로 37조 2항입니다. 국가가 기본권을 보장해야한다고 하더라도 공익을 위하여 필요한 경우 법률로써 제한할 수 있다는 내용인데, 기본권들이 서로 충돌하거나 기본권 행사라는 이유로 전체 사회질서를 훼손하는 일을 막아주는 역할을 하는 조항입니다.

10조 뒤에 열거되는 조항들이 평등권, 신체의 자유, 거주이전의 자유 등을 구체적으로 언급하는 데 반해 10조는 기본권의 어머니 조항답게 인간으로서의 존엄과 가치, 행복을 추구할 권리(행복추구권)라는, 아주 광범위하고 포괄적인 내용을 말하고 있습니다. 여기에서 많은 기본권들이 파생되어 나옵니다. 10조 덕분에 헌법에 명시적으로 언급되지 않은 많은 권리가 기본권으로 인정될 수 있습니다. 왜냐고요? 인간의 존엄과 가치를 보장하기 위한 것이라고 인정되면 기본권이 되거든요. 행복을 추구할 권리에 포함돼도 기본권이 됩니다.

행복추구권에 대해 알아보겠습니다. 행복추구권에 일반적 행동자유권과 개성의 자유발현권, 자기결정권이 있습니다. 일반적 행동자유권이라 함은 말 그대로 행복하기 위해서 개인이 하고 싶은 일이나 행동을 자유롭게 할 수 있는 권리입니다. 예전에는 미성년자들은 당구장 출입을 못 하게 했어요. 근데 그게 위헌 판결이 나왔습니다. 행복을 추구할 권리를 침해했다고 본 거예요. "내가 행복하기 위해서 당구 친다는데 왜 막아?"라는 거죠. 참고로 미성년자 당구장 출입 금지는 직업 선택의 자유랑도 관련돼 있어요. 이 사람이 당구 선수가 될 수도 있는데, 당구 수련을 못 하게 한다는 겁니다. 이런 식으로 기본권 관련 조항들이 요긴하게 쓰여요.

다음으로 개성의 자유로운 발현권은 자기 개성대로 살 권리라고 보면 됩니다. 머리를 빡빡 밀든, 미니스커트를 입든 자유라는 것이죠. 마지막으로 자기결정권은 자율적으로 자기 생활 영역을 형성해나갈 수 있는 권리입니다. 결혼을 할 자유나 결혼할 상대를 자신이 선택할 수 있는 자유 같은 게 여기 포함돼요. 예전에는 동성동본 간 결혼을 금지했어요. 그런데 헌법재판소는 이것이 혼인의 상대방을 자유롭게 결정할 권리(행복추구권)를 침해한다고 판단했습니다.

국가가 개인이 가진 불가침의 기본적 인권을 확인하고 보장할 의무를 진다는 내용도 담겨 있는데, 이 내용은 37조 2항의 기본권 제한과 연결됩니다. 국가가 기본권을 보장해야 한다고 하더라도 공익을 위하여 필요한 경우 법률로써 제한할 수 있다는 거죠.

① 모든 국민은 법 앞에 평등하다. 누구든지 성별·종교 또는 사
회적 신분에 의하여 정치적·경제적·사회적·문화적 생활의
모든 영역에 있어서 차별을 받지 아니한다.
② 사회적 특수계급의 제도는 인정되지 아니하며, 어떠한 형태
로도 이를 창설할 수 없다.
③ 훈장 등의 영전은 이를 받은 자에게만 효력이 있고, 어떠한
특권도 이에 따르지 아니한다.

평등이란 같은 것은 같게,
다른 것은 다르게 대하는 것

11조 1항에서 모든 국민이 평등하다고 되어 있는데 그냥 평등하
다고 한 게 아니에요. '법 앞에' 평등하다고 되어 있습니다. 이게
중요합니다. 여기에서 말하고자 하는 것은 기계적이며 절대적인
평등이 아니라 '비례적 평등'이라고 생각하면 될 것 같아요. 모든
차이를 다 무시하고 그냥 평등하다고 말하는 게 아닙니다. 헌법
재판소에서 어떻게 말했냐 하면 '같은 것은 같게 그리고 다른 것
은 다르게' 대하는 게 평등이라고 했어요. 만약 기계적·절대적

평등이라면 나이, 성별 등을 다 무시한 채 그저 똑같이 대하면 되겠죠. 그런데 그렇게 하면 안 된다는 거예요. 같은 것은 같게 대하고 다른 것은 그 다름에 맞춰서 다르게 대해야 하는 평등입니다. 예를 들어 여자가 애를 낳으니 남자도 애를 낳으라고 할 수 없는 것처럼 다른 점을 고려해서 다르게 대해주는 것이 평등이라고 할 수 있어요.

관련된 이야기 하나 해보죠. 제가 존경하는 루이스 브랜다이스Louis D. Brandeis라는 사람 이야기입니다. 브랜다이스는 미국인으로 변호사였다가 나중에 연방대법원 대법관이 되었습니다. 변호사 시절 브랜다이스는 공익 소송을 굉장히 많이 맡았어요. 무료로요. 그래서 '시민의 변호사'라는 별명을 얻기도 했고요. 무료 소송을 맡았으니까 가난했냐 하면 아닙니다. 돈도 엄청 잘 벌었어요. 잘나가는 상법과 세법 전문 변호사였거든요. 한편으로는 상법과 세법 변호사로서 돈을 쓸어 담고 한편으로는 공짜로 공익 소송을 도맡았습니다.

브랜다이스가 활동하던 1900년대 초반에는 미국 여러 주에서 여성의 노동을 특별히 보장 또는 보호하는 법률들을 만들기 시작했습니다. 예를 들어서 여성의 경우 노동 시간을 줄여주거나 노동 강도를 낮춰주자는 거였죠. 그런데 사용자들이 이 법안에 반대했어요. 평등에 위배된다면서 연방법원에 위헌성 심판을 청구했고, 처음에는 연속적으로 위헌이라는 결정이 내려졌습니다. 연방법원은 남녀가 평등한데 여성 노동을 특별히 보장해야 할 이유가 없으며, 미국 헌법에는 남녀평등만 규정되어 있지 여성을 보호해야 한다는 내용은 없다고 했습니다. 어떻게 보면 형식적으로는 맞는 판단이었죠. 당시 일곱 개 주에서 만든 관련 법이 모두 위헌으로 판단되면서 여성운동 진영이나 시민단체는 이 법을 포기할 수밖에 없었습니다. 헌법에 위배된다는 데 어쩌겠어요. 이때 브랜다이스가 등장해서 여덟 번째 판결에서 연방대법관 만장일치로 합헌 결정을 이끌어냈습니다.

불과 몇 개월 전만 해도 위헌이었던 것이 어떻게 합헌으로 뒤집어지게 되었을까요? 브랜다이스가 어떻게 했냐 하면 100여 페이지 정도 되는 두꺼운 의견서를 연방대법원에 제출했습니다. 그런데 재미있는 게 이 중 법률에 관한 의견은 단 세 페이지밖에 안 되고 나머지는 모두 사회·문화적인 내용을 담은 보고서였다고 해요. 돈이 많은 사람이라 그런지 사회학자, 생물학자, 경제학자, 외국 문화 분석가 등을 불러 모아서 팀을 짰습니다. 그리고 생물학자에게는 여성과 남성의 신체적 차이를, 경제학자에게는 여성 노동을 보호하면 경제적으로 어떤 효과를 얻을 수 있는가를, 외국 문화 분석가에게는 외국의 입법 사례를 쓰게 했습니다. 그렇게 해서 인문학, 역사학, 철학, 경제학, 생물학을

망라하는 보고서를 만들었어요. 이걸 본 연방대법관들이 여성 노동을 보호해야 할 충분한 이유가 있다고 설득돼 버린 거예요.

2항과 3항은 평등의 구체적인 내용 중에 특히 강조하고 싶은 것 두 가지를 쓴 조항입니다. 하나는 계급제도를 인정하지 않는다는 거죠. 우리나라에 지금 양반이나 귀족 같은 게 없잖아요. 이렇게 지금도 없고 앞으로도 만들 수 없다고 하는 얘기입니다. 3항의 영전은 훈장 등을 주는 걸 말하는데, 이런 영전이 그 사람에게게만 해당될 뿐 자식 등에게 이어지지 않는다고 명시되어 있습니다. 예전 유럽 같은 경우 어땠어요? 공을 세워 받은 백작, 남작 같은 작위가 자식에게로 세습되었잖아요. 이런 식의 세습이 안 된다는 이야기입니다.

이런 평등에 관한 헌법 정신을 반영하여 발의되었고 저도 대표 발의했었던 법안이 바로 '평등법' 혹은 '차별금지법'이라고 불리는 법률입니다. 각 개별법으로 흩어져 있는 차별 금지의 내용을 하나로 모아, 21개의 차별 행위를 규정하고 금지하는 기본법 성격의 법안인데요, '차별하지 말자'는 당연한 이야기를 보다 당연하게 만들어주는 법안입니다. 혹자는 이 법안이 통과되면 특정한 종교를 믿으라거나 특정한 종교가 타 종교보다 우수하다고 하거나 하는 행위 등도 모두 처벌된다고 생각하는데 전혀

주민의 헌법

그렇지 않습니다. 적어도 제가 대표 발의했던 평등법의 경우에는 차별 행위에 대해 국가인권위원회에 진정하는 것을 방해하는 행위 이외에는 처벌되는 행위로 정하고 있는 것이 없어요. 따라서 위에서 말한 행위를 이유로 처벌할 수 없죠.

◆ 제12조 ◆

① 모든 국민은 신체의 자유를 가진다. 누구든지 법률에 의하지 아니하고는 체포·구속·압수·수색 또는 심문을 받지 아니하며, 법률과 적법한 절차에 의하지 아니하고는 처벌·보안처분 또는 강제노역을 받지 아니한다.

② 모든 국민은 고문을 받지 아니하며, 형사상 자기에게 불리한 진술을 강요당하지 아니한다.

③ 체포·구속·압수 또는 수색을 할 때에는 적법한 절차에 따라 검사의 신청에 의하여 법관이 발부한 영장을 제시하여야 한다. 다만, 현행범인인 경우와 장기 3년이상의 형에 해당하는 죄를 범하고 도피 또는 증거인멸의 염려가 있을 때에는 사후에 영장을 청구할 수 있다.

④ 누구든지 체포 또는 구속을 당한 때에는 즉시 변호인의 조력을 받을 권리를 가진다. 다만, 형사피고인이 스스로 변호인을 구할 수 없을 때에는 법률이 정하는 바에 의하여 국가가 변호인을 붙인다.

⑤ 누구든지 체포 또는 구속의 이유와 변호인의 조력을 받을 권리가 있음을 고지받지 아니하고는 체포 또는 구속을 당하지 아니한다. 체포 또는 구속을 당한 자의 가족 등 법률이 정하는 자에게는 그 이유와 일시, 장소가 지체 없이 통지되어야 한다.

⑥ 누구든지 체포 또는 구속을 당한 때에는 적부의 심사를 법원에 청구할 권리를 가진다.

⑦ 피고인의 자백이 고문·폭행·협박·구속의 부당한 장기화 또는 기망 기타의 방법에 의하여 자의로 진술된 것이 아니라고 인정될 때 또는 정식재판에 있어서 피고인의 자백이 그에게

> 불리한 유일한 증거일 때에는 이를 유죄의 증거로 삼거나 이를 이유로 처벌할 수 없다.

자백만으로 처벌될 수 있을까

12조는 신체의 자유에 관한 조항으로 형사소송법의 골간을 이루는 내용이에요. 누구든지 법률에 의하지 않고서는 체포 등을 당하지 않는다고 했을 때 '법률'이 바로 형사소송법입니다. 형사소송법이 어떤 것인지를 알기 위해서 우선 법의 종류를 좀 살펴보면, 대표적으로 개인과 개인의 관계를 정하는 사법私法과 국가 혹은 공공기관과 개인과의 관계를 정하는 공법公法으로 나뉘어져요. 사법 중 대표적인 것이 민법이고, 공법의 대표적인 것이 형법, 행정법 등입니다. 공법 중 형법은 개인이 죄를 범하면 국가가 이 개인을 어떻게 처벌할지 등을 다룹니다. 행정법은 국가 권력이 집행될 때, 또는 국가기관이 움직일 때 어떠한 방식과 내용을 따라야 한다고 정해놓은 겁니다. 물론 이 법(법률)들 위에 헌법이 있고요.

이야기 나온 김에 사법 얘기를 좀 더 해보자면, 사법에는 민법 이외에 상법, 노동법 같은 게 있어요. 그런데 이 중 노동법이 좀 특수해요. 사법은 방금 사인 대 사인의 권리 관계를 다룬다고 했잖아요. 여기에서는 사인 대 사인을 서로 평등한 당사자 계약 관계로 봅니다. 반면 노동법에서는 사용자와 피용자, 사장과 노동자가 사인 대 사인의 관계이긴 하지만 기본적으로 둘 사이가 평등하지 않다고 봐요. 그러니까 사용자와 노동자가 근로계약을 체결할 때 이걸 평등한 당사자 간 계약이라고 보지 않습니다. 그래서 이 노동법이 사법의 특수한 영역으로 분류가 됩니다. 이러한 내용은 근로의 의무를 정하고 있는 헌법 32조 2항에도 나타나는데 근로의 의무를 단순히 법률로 정한다고 하지 않고 '민주주의 원칙에 따라' 법률로 정한다고 하고 있어요. 민주주의 원칙에 따른다는 것은 사용자와 노동자를 돈의 많고 적음에 따라 혹은 사장이냐 노동자냐에 따라 구분하지 않고 1인 1표의 동등한 자격을 갖춘 것으로 보면서 법률로 정하라는 의미입니다. 이런 특수함이 제대로 반영되게 하기 위해서 일반 법원과 달리 노동법을 다루는 별도의 법원을 두자는 논의도 지속적으로 진행되어 오고 있는데 독일의 경우 노동대법원이 따로 있어요. 우리나라는 노동법이 사법의 특수한 영역이라고 인정하면서도 이런 시스템이 갖춰져 있진 않습니다.

주민의 헌법

그럼 민사소송이란 무엇일까요? 예를 들어서 내가 누군가에게 돈을 빌려줬는데 빌린 사람이 돈을 안 갚고서 배 째라고 한다고 해서 진짜 배를 째면 될까요? 안 되죠. 우리나라는 자력구제가 금지되어 있거든요. 때려서 돈 뺏으면 절대 안 됩니다. 예전에는 법보다 주먹이 가깝다고 했는데 다시 한 번 말하지만 그렇게 하면 안 됩니다. 오직 국가만 강제력을 행사해요. 이렇게 사인 간의 다툼이 있을 때 국가에 요청하면 국가가 강제력을 써줍니다. 이 요청하는 형식을 바로 민사소송이라고 합니다.

형사소송, 그리고 형사소송법은 무엇일까요? 제가 만약 차에 치여서 다리를 다쳤다고 가정해보죠. 차를 운전한 사람에게 내가 입은 손해에 대해 돈을 받아내기 위해 소송을 하는 것은 민사소송에 해당되지만, 처벌해달라고 할 때는 형사소송에 해당됩니다. 눈에는 눈, 이에는 이라며 내가 운전한 사람 다리를 직접 부러뜨리면 안 되니까 처벌해달라고 국가에 고소(범죄 피해자가 국가에 처벌을 요구하면 고소, 제3자가 하면 고발임)를 하는 거죠. 그럼 국가가 수사를 하고 재판을 해서 죄가 있는지 없는지 따진 다음에 죄가 있으면 징역형이나 벌금형 같은 처벌을 해줍니다. 이를 위해서 형사소송 절차가 있고 이 절차를 규율한 게 형사소송법이에요. 앞에서도 이야기했지만 이 형사소송법의 근간을 이루는 내용을 헌법에 담아둔 게 바로 12조입니다.

우선 1항에서는 형사소송법에서 정한 내용과 절차에 따라서만 체포도 되고 구속도 되고 압수나 수색도 진행된다는 얘기를 하고 있습니다. 그다음에 나오는 "법률과 적법한 절차에 의하지 아니하고는 처벌·보안처분 또는 강제노역을 받지 아니한다."라는 내용이 죄형법정주의와 적법절차의 원리예요. 법률에 의하지 않으면 처벌 등을 받지 않는다는 걸 죄형법정罪刑法定주의라 하는데, 풀어보자면 '죄罪와 그에 대한 형벌刑은 법률에 미리 정해두어야 한다法定'는 의미예요. 여기서 '미리' 정해두어야 한다는 것도 중요한데요. 헌법 13조에서 이야기하는 형법불소급의 원칙과 관련되는데 뒤에서 설명하겠습니다. 죄형법정주의의 이야기를 뒤집어보면 법률에 미리 죄가 된다고 정하지 않은 행위라면 설사 타인에게 피해를 준다고 하더라도 죄가 안 되고 벌을 줄 수도 없다는 겁니다. 이건 권력자 마음대로 국민의 신체의 자유를 침해하지 않도록 하기 위해서입니다. 만약 법에 죄를 정해두지 않더라도 처벌이 가능하다면 권력자가 자기 마음에 안 든다는 이유로 국민을 마음대로 처벌할 수 있잖아요. 그리고 적법절차의 원리라 함은 쉽게 이야기해서 적절한 법에 정한 절차에 따라서만 불이익을 가하거나 받을 수 있다는 것입니다.

종합해보면 죄형법정주의에 의하여 죄와 그에 과하는 형벌을 미리 정해두었다고 해도 실제로 형벌을 가하려면 혹은 형벌을 가하기 위한 수사 절차를 진행하려면 이 역시 적절하게 만들어진 법에 정해진 절차대로 하라는 말이죠. 이렇게 2중의 안전장치를 해 두었습니다.

2항은 고문받지 않을 권리와 진술을 거부할 권리를 정하고 있습니다. 고문이 뭐예요? 뭔가 알아내려고 육체적·정신적 고통을 가하는 거잖아요. 요즘에 고문 가능한가요? 안 되죠. 진짜 나쁜 범죄자가 있어요. 진술만 확보하면 추가 피해를 막을 수 있을 것 같아요. 그러면 고문을 해도 될까요? 안 됩니다. 헌법에서 안 된다고 규정하고 있거든요. 다음으로 불리한 진술을 강요당하지 아니한다고 되어 있는데, 검찰이나 경찰의 조사를 받을 일이 있을 때 불리한 진술을 하지 않을 권리가 있습니다. 사실이 아닌데 불리한 진술을 강요하면 진술을 안 해도 돼요. 그럼 사실이면 어떨까요? 사실이라도 경찰 혹은 검찰의 강요로 자백했다면 이 자백은 헌법과 헌법의 정신을 구현하는 형사소송법을 위반했기 때문에 증거로 쓰일 수가 없습니다.

3항은 체포, 구속, 압수 등을 할 때는 영장이 필요하다는 이야기입니다. 그런데 영장은 어떻게 발부된다고 되어 있어요? 검사가 신청하면 법원이 발부한다고 되어 있습니다. 그렇다면 체포와 구속의 차이가 뭘까요? 체포나 구속이나 강제로 신병을 확보하는 것은 동일합니다. 체포나 구속은 수사 단계 또는 재판 단계에서 이뤄지는 임시적인 강제적 신병 확보 조치예요. 체포는 신병을 강제로 구금할 수 있는 시간이 48시간으로 제한되어 있습니다. 반면 구속은 장기간 잡아둘 수 있어요. 예를 들어 1심 재판 중에는 6개월을 잡아둘 수 있어요. 수사 기간에는 60일간 잡아둘 수 있어요. 수사하고 재판이 끝나서 징역형이 확정된 다음 잡아두는 것은 징역형을 집행하는 거죠. 이건 체포나 구속이라고 부르지 않습니다.

그런데 모든 경우에 검사가 법원에다 영장을 신청하고 발부받은 다음 영장을 가져가서 체포나 압수 등을 하려면 수사가 전혀 안 될 수도 있겠죠. 그래서 3항에서 예외를 만들어둔 게 바로 현행범 또는 장기 3년 이상의 형에 해당하는 죄를 범하고 도피 또는 증거인멸 우려가 있는 자를 긴급체포하는 경우예요. 이 중 현행범이란 범행을 지금 저지르고 있는 걸 말해요. 소매치기범이 지갑을 빼 가고 있는데 영장 발부받을 시간이 없으니까 일단 잡잖아요. 현행범이기 때문이죠. 그렇다면 현행범을 경찰만 잡을 수 있을까요? 아니에요. 현행범은 일반인들도 다 잡을 수 있습니다. 그래서 이런 일도 있었어요. 민변 변호사들이 가끔 집회나 시위 현장에서 경찰을 잡는 거예요. 경찰이 집시법(집회 및 시위에 관한 법률)이나 경직법(경찰관직무집행법)을 위반하거나 할 때 말이에요. 왜냐면 누구나 현행범을 체포할 수 있으니까요. 어떤 변호사가 현행범으로 경찰을 잡았는데, 경찰에서는 역으로 공무집행방해로 이 변호사를 고발한 적이 있었습니다. 변호사가 공무집행을 방해한 것이냐, 경찰이 위법한 행위를 한 것이냐 의견이 갈렸지만 결국 변호사는 무죄판결을 받았어요. 그리고 현행범이 아니더라도 중한 죄를 저지른 것 같고 그냥 놔두면 도망갈 것 같을 때는 영장 없이 잡을 수 있습니다. 이것을 긴급체포라고 합니다. 그런데 문제는 이렇게 잡아도 나중에는 영장을 발부받아야 된다는 거예요. 영장을 못 받으면 풀어줘야 해요. 그때도 시간 제한이 48시간입니다.

4항은 변호인의 도움을 받을 권리를 말합니다. 변호인의 도움을 받을 권리에는 어떤 것들이 포함되어 있을까요? 체포나 구속을 당하였을 때 변호사를 접견하여 도움을 받는 것, 수사를 받을 때 변호사가 함께 참석하여 도움을 받는 것, 그리고 소송에서 필요한 서면을 작성하여 제출하거나 법정에서 대신 다투어주는 것 등 여러 가지가 있어요.

이런 것 중에 가장 핵심적이고 중요한 것이 무엇일까요? 바로 인신이 강제로 구금되었을 때 변호사의 접견을 받아 도움을 받는 것입니다. 그래서 이 변호사 접견권은 제한될 수 없다고 봅니다. 만약 집회 현장에서 체포되어 경찰 버스에 태워진 상황에서라면 변호사 접견이 가능할까요? 가능합니다. 아까 말씀드렸듯이 변호사 접견권은 제한이 안 되기 때문입니다. 그렇다면 변호사 접견을 위해서 꼭 변호사를 선임해야만 할까요? 그렇지 않습니다. 형사소송법에는 변호인 혹은 변호인이 될 변호사가 접견을 할 수 있다고 되어 있기 때문입니다.

여기서 재미있는 얘기를 하나 해볼게요. 우선 민사는 사인私人대 사인私人인 만큼 법정에서 판사를 기준으로 왼쪽과 오른쪽, 즉 양쪽에 다 민간인이 앉습니다. 소송을 제기한 사람은 원고로 판사가 보기에 왼쪽에, 소송을 당한 사람은 피고로 판사가 보기에 오른쪽에 앉아요. 이들이 법률적 지식이 부족하거나 바빠서 시간이 없을 때는 도움을 받기 위해 변호사를 고용하는데, 민사 법정에서 변호사는 '대리인'이라고 불립니다. 그러니까 '원고 측 대리인' 또는 '피고 측 대리인'이 되는 거죠.

형사 재판정은 좀 다릅니다. 예를 들어 교통사고가 났을 때 사고를 낸 가해자와 사고를 당한 피해자가 재판정에서 겨루는 게 아니에요. 민사가 사인 대 사인이라면, 형사는 '사인 대 국가'가 됩니다. 그래서 죄를 범했다고 의심받는 사람과 그 사람에게 벌을 주려는 국가를 대리한 사람이 재판정에서 맞붙게 되니다. 그렇다면 범죄 피해자는 어떻게 될까요? 형사의 경우 국가가 죄인에게 형벌을 가하는 것이기 때문에 피해자는 재판 당사자가 아닙니다. 따라서 형사 재판정에서는 판사가 보기에 국가를 대리하는 검사가 오른쪽에, 피고인(민사에서는 소송을 당한 당사자를 피고라고 부르지만 형사에서는 국가에 의해 기소당한 사람을 피고인이라고 부릅니다)은 왼쪽에 앉아요. 이때 피고인이 고용한 변호사는 '변호인'으로 불립니다. 변호사도 아니고 대리인도 아니고 '변호인'입니다. 배우 송강호 씨가 노무현 전 대통령의 변호사 시절을 연기했던 영화의 제목도 대리인, 변호사가 아니고 〈변호인〉이잖아요.

또 알아둬야 할 것이 있는데, 형사 재판에서 검사와 법원은 한편이 아닙니다. 법원 즉 판사는 독립된 제3자이니까요. 판사는 심판 역할을 할 뿐입니다. 그런데도 많은 사람들이 판사와 검사가 한편인 것처럼 생각하는 경향이 있어요. 절대 그렇지 않습니다. 그럼에도 불구하고 검사와 판사가 같이 저녁 먹고 술먹고 하는 모습이 가끔 보도되곤 하는데 공정한 재판을 위해서는 없어져야 하는 문화입니다. 판사와 검사가 한편이 아니고 당연히 형사 법정에서 검사와 피고인(혹은 그가 고용한 변호인)은 대등한 관계예요.

5항은 체포나 구속을 당하는 이유를 고지받을 권리가

주민의 헌법

있다는 이야기입니다. 이것을 미국에서의 명칭을 따서 보통 '미란다 원칙'이라고들 하죠. 이 미란다 원칙은 체포나 구속을 당하는 사람이 자신의 권리를 알게 해줄 뿐 아니라 수사기관으로서도 그러한 권리를 다시 확인해서 침해하지 않도록 하기 위한 장치입니다. 이 원칙을 지키지 않고 체포나 구속을 하면 불법이에요. 또 이렇게 불법적인 체포나 구속 상태에서 한 진술 역시 불법하게 수사기관이 얻은 증거가 되므로 증거로 쓰일 수 없습니다.

그런데 구속 및 체포 시 고지하는 내용이 미국과 우리나라가 다르다는 거 알고 계셨나요? 하도 미란다 원칙, 미란다 원칙 하다 보니 우리나라에서 고지해야 하는 내용을 미국의 미란다 원칙과 동일하게 알고 있는 경우가 많은데, 미국의 미란다 원칙에서 고지하도록 하고 있는 내용은 '당신은 묵비권을 행사할 수 있고, 변호인을 선임할 권리가 있습니다. 당신의 모든 발언은 법정에서 불리하게 작용할 수 있습니다.'입니다. 한편 우리나라 형사소송법에서는 "피고인에 대하여 범죄사실의 요지, 구속의 이유와 변호인을 선임할 수 있음을 말하고 변명할 기회를 준 후가 아니면 구속할 수 없다."라고 되어 있습니다. 우선 미란다 원칙과 달리 범죄사실의 요지를 알려주도록 되어 있습니다. 그리고 구속의 이유도 알려주도록 되어 있고요. 변명할 기회도 줘야 합니다. 미국의 미란다 원칙과 꽤 다르죠?

제가 변호사 시절에 경찰이 고지를 하지 않았다는 이유로 무죄 판결을 받아낸 적이 있어요. 시위 중인 대학생을 체포하는 과정에서 경찰이 고지를 안 했거든요. 물론 경찰이 고지하지 않았다는 것을 입증해야 했는데 쉽지는 않았죠. 그런데 마침 시위 현장에서 경찰이 카메라로 현장을 찍고 있었던 거예요. 경찰이 촬영한 영상을 제출받아서 쭉 틀어보니까 고지하는 장면이 안 나오더라고요. 그래서 증거로 쓸 수 있었죠. 이렇게 고지 못 받은 걸 입증해야 합니다. 증거가 없으면 안 돼요. 고지하지 않았다고 주장하더라도 경찰이 여러 명 나와서 "제가 고지했습니다." "얘가 고지한 거 제가 들었습니다." 이런 식으로 자기들끼리 증명하는 경우도 있거든요.

6항은 체포나 구속의 적부를 판단해달라고 법원에 청구할 수 있다는 내용입니다. '적부的否'란 적정한지 아니면 부당한지를 뜻합니다. 체포에 대해서는 체포적부심을, 구속에 대해서는 구속적부심을 청구할 수 있어요. 이 적부심에서 구속 또는 체포가 부당하다고 판결이 나면 풀려나는데, 사실상 적부심에서 풀려나기는 굉장히 힘들죠. 왜냐면 애초에 판사가 영장을 발부해서 체포 또는 구속이 이뤄졌는데, 적부심에서 다른 판사가 영장 발부 판사의 판단이 잘못됐으니 풀어주라고 판결하기가 어렵잖아요. 그래서 적부심 활용이 잘 안 돼왔죠. 그런데 박근혜 정부 때의 국정 농단과 관련해서 구속영장은 발부되었는데도 바로 이어진 적부심에서 줄줄이 풀려나서 사람들을 의아하게 만들기도 했습니다.

참고로 구속의 경우에는 체포와 달리 영장 발부에 앞서서 영장실질심사를 하여 영장이 발부되는 것이 과연 맞는지 따질 수 있는 제도가 마련되어 있습니다. 따라서 체포는 체포된 후에 체포적부심을 통해 체포의 적법성과 필요성을 다투고, 구속의 경우에는 구속되기 전에 영장 발부가 적법하고 필요한지 다투고, 구속된 이후에 다시 구속적부심을 통해 구속이 적법하고 필요한지 다시 한 번 다툴 수 있습니다. 그런데 2025년 윤석열 체포 당시, 자신에 대해 발부된 체포영장이 집행되기도 전에 체포영장의 발부가 위법이며 무효라고 다투었습니다. 앞서 말씀드린 바와 같이 체포의 경우에는 이런 제도가 없어요. 그럼에도 불구하고 법원은 윤석열 측 주장을 하나 하나 다 따져서 윤석열 측 주장이 터무니 없다고 밝혀주었습니다. 결과는 달라진 것이 없지만 개인적으로는 대통령이라고 해서 있지도 않은 체포영장 발부에 대한 이의 제도를 허용해준 것은 나중에 큰 문제가 될 것 같아요. 이제는 모든 사람들이 체포영장에 의한 체포를 막거나 지연시키기 위해 원래 있지도 않는 제도인 체포영장 발부의 적법성 심사

제도를 활용하겠다고 나설 것이기 때문입니다. 사실상 체포영장에 의한 체포는 이제 무력화된 것이 아닌가 하는 우려가 듭니다.

7항은 고문 등에 의하여 강요된 자백은 증거로 쓰일 수 없음과 자백이 유일한 유죄의 증거일 경우 그 자백을 이유로 처벌할 수 없음을 정하고 있습니다. 7항을 이해하기 위해서는 '증거능력'과 '증명력'을 알아야 합니다. 증거능력은 어떤 증거가 유죄의 증거로 쓰일 수 있는 능력(자격)을 의미합니다. 증거로서의 자격이 있는지를 말한다고 보면 됩니다. 불법적으로 얻은 증거는 증거로 쓰일 수가 없는데 이를 '증거능력(증거로서의 자격)이 없다'고 하죠. 증명력은 증거로 쓰일 수 있는 증거가 어느 정도 유죄를 입증할 힘을 가지고 있느냐를 말해요. 어떤 증거의 증명력이 충분하면 그것만으로도 유죄가 인정될 거고 그렇지 않은 경우 해당 증거만으로는 유죄가 인정되지 않을 거예요. 추가적인 증거가 필요한 것이죠.

누군가가 살인을 저질렀다고 자백했다고 하더라도 강압에 의해 진술했으면 증거로 쓰일 수 없어요. 또 살인을 했다는 유일한 증거가 그 사람의 말밖에 없을 때도 유죄가 인정되지 않습니다. 강압 없이 술술 죄를 털어놨다 해도 말입니다. 자백은 보강 증거가 있어야만 유죄 증거가 됩니다. 왜 이런 원칙을 세웠냐

주민의 헌법

하면 자백의 유용성을 많이 높이게 되면 경찰이나 검찰이 고문이나 강압적인 방법을 이용해 자백을 받아내고 싶은 유혹에 쉽게 빠질 수 있어서예요. 그래서 자백의 가치를 일부러 떨어트려 놓았습니다. 무리하게 자백 받아내려고 애쓰지 말라는 신호를 주는 거죠.

① 모든 국민은 행위시의 법률에 의하여 범죄를 구성하지 아니하는 행위로 소추되지 아니하며, 동일한 범죄에 대하여 거듭 처벌받지 아니한다.
② 모든 국민은 소급입법에 의하여 참정권의 제한을 받거나 재산권을 박탈당하지 아니한다.
③ 모든 국민은 자기의 행위가 아닌 친족의 행위로 인하여 불이익한 처우를 받지 아니한다.

나중에 만들어진 법을 근거로
죄를 물을 수 있을까

13조 1항과 2항은 불소급의 원칙에 관한 내용이에요. 보다 구체적으로는 1항은 형사의 경우 범죄 행위를 했을 당시의 법률에 의해서 수사 및 처벌을 받아야 한다는 말입니다. 행위 이후에 만들어진 법에 의해서 수사와 처벌을 받을 수 없다는 거고요. 이걸 '행위시법주의' 혹은 '형벌 불소급의 원칙'이라고 하죠. 2항은 소급적으로 어떤 법에 의해서 재산권이나 참정권이 제한되지 않는다는 뜻입니다.

1항과 2항 같은 내용을 헌법에 규정한 이유가 뭘까요? 정치적인 보복 등을 막기 위해서 그리고 법률 생활의 안정을 기하기 위해서예요. 예를 들어서 누군가가 어떤 식물을 팔았어요. 팔 때는 이 식물 판매를 금지하거나 처벌하는 법이 없었어요. 그런데 먹으면 기분이 좋아지는 식물이긴 했어요. 그런데 3년쯤 지나 이 식물이 마약으로 지정됐어요. 올해 마약류로 처음 지정해 놓고 3년 전에 판 것을 처벌하면 되겠어요? 안 되죠. 만약 지금 내가 한 일이 지금은 문제가 없어도 10년 후에 새로운 법이 만들어져 비로소 불법이 되어 처벌될 수도 있다면 현재를 살아가는 사람이 지금 자신의 행동 때문에 미래에 처벌될 수도 있다는 두려움에 일상생활을 제대로 하기 어렵겠죠. 앞으로 세상이 어떻게 변할지를 예상할 수 없는 것이 인간의 공통된 한계인데, 이것을 정확하게 예상해서 행동하라는 것이니 말이죠.

단, 공익적 필요성이 매우 커서 법률 생활의 안정성보다 공익 추구가 더욱 필요하다고 판단될 때는 소급 적용을 하기도 합니다. 대표적인 것이 '친일반민족행위자 재산의 국가귀속에 관한 특별법' 3조 1항입니다. 이 조항은 친일 재산을 국가에 귀속시키는 것으로 소급해서 재산권을 제한하는 것인데 이 법에 의하여 재산을 뺏길 위기에 처한 친일파 후손이 '이 법은 2005년도에 시행되었으니 재산 관계가 이미 형성된 이후의 법이므로 헌법 13

조 2항에 위배된다'고 주장하고 나섰습니다. 이에 대해 헌법재판소는 친일 재산 환수 문제는 역사적으로 매우 이례적인 공동체적 과제이므로 합헌으로 보아야 한다고 했습니다. 친일 재산의 취득 경위에 민족 배반적 성격이 내포되어 있고, 우리 헌법 전문에 대한민국임시정부의 법통 계승을 선언하고 있는 점 등에 비춰 친일 반민족 행위자 측으로서는 친일 재산의 소급적 박탈을 충분히 예상할 수 있었다고 본 거죠. 또 친일 재산 환수 문제가 역사적으로 매우 이례적인 공동체적 과업이라는 점(공익성이 매우 크다)도 이러한 결정의 배경이었어요.

1항의 '동일한 범죄에 대하여 거듭 처벌받지 아니한다.'라는 것은 이중처벌을 금지하는 내용입니다. 그렇다면 처벌이 아니라 재판은 거듭해도 될까요? 일사부재리의 원칙도 여기에 포함되는 걸로 봐서 판결이 확정된 경우 동일 범죄에 대해 다시 재판을 받지 않아요. 수사는 다시 해도 될까요? 수사는 일사부재리의 대상이 아니기 때문에 검사가 불기소했던 사건을 다시 기소하는 것도 가능합니다.

3항은 연좌제에 관한 거예요. 연좌제는 본인의 행동이나 잘못이 아님에도 불구하고 가족이나 관계자의 행동이나 잘못을 이유로 불이익을 받는 것입니다. 조선시대에는 역모를 꾀하

주민의 헌법

다 잡히면 삼족을 멸한다고 하였죠. 바로 그런 게 연좌제입니다. 80년대까지 연좌제가 너무 심했잖아요. 70~80년대에는 친척 중에 데모하다 잡힌 사람이 있으면 공무원이 될 수가 없었어요. 예전에는 연좌제를 금지하는 조항이 없어서 어떤 국가기관이 연좌제를 적용해도 위헌이라고 보기가 어려웠습니다. 그래서 연좌제 금지 조항을 헌법에 넣음으로써 연좌제로 인한 피해를 아예 헌법적으로 차단한 것입니다.

모든 국민은 거주·이전의 자유를 가진다.

해외 이주 시에도 허가가 아닌 신고만으로

거주는 어디에서 살까 정하는 걸 말해요. 이전은 사는 것을 옮기는 것뿐 아니라 이동하는 것까지 포함합니다. 여행 가는 것도 이전이죠. 즉, 이전은 이동을 말합니다. 이렇게 우리에겐 이동의 자유가 있기 때문에 대한민국 어디든 갈 수 있습니다. 물론 외국으로 이주할 수 있는 자유도 포함되어 있고요. 그래서 해외이주법을 보면 국가의 허가를 받아야 한다고 되어 있지 않고 정부에 신고만 하면 이주할 수 있다고 되어 있습니다. 신고란 사실관계를 국가기관에 통지하는 것을 의미합니다.

　　이동의 자유에 예외도 있어요. 국가의 안전보장, 질서유지를 위해 기본권을 제한하는 37조 2항에 의해 자유가 제한되기도 합니다. 예를 들어 국가의 안전보장을 위해서 군사보호구역이나 대통령경호구역 등에는 갈 수 없게 되어 있어요.

◆ 제15조 ◆

모든 국민은 직업선택의 자유를 가진다

판검사 출신 변호사,
어디서나 변호사 개업 할 수 있을까

15조는 직업 선택의 자유를 정하고 있는데, 살인마나 마약 판매상을 직업으로 선택할 자유가 있을까요? 당연히 없죠. 공공에 유해한 직업은 헌법이 보장하는 직업이 아니거든요. 직업 선택의 자유에는 말 그대로 직업을 자유롭게 선택할 권리와 그렇게 선택한 직업을 수행할 권리, 그리고 선택했던 직업에서 이탈할 권리 등이 모두 포함됩니다. 하지만 앞서 얘기했듯이 직업 선택의 자유 역시 37조 2항에 의해서 제한할 수 있어요. 식품 영업을 할 때 당국의 허가를 받도록 한다든지, 유흥업소의 영업시간을 제한한다든지, 특정한 직업의 경우 자격 요건을 요구한다든지 하는 게 그런 제한에 해당되겠죠.

만약 이런 제한들이 지나칠 경우 위헌으로 판단될 수

도 있어요. 예를 들어보죠. 지금도 많은 논란이 되고 있는 '전관예우'에 관한 얘기입니다. 판사나 검사로 일하던 사람이 변호사 개업을 하면 전에 같이 일했던 판사나 검사가 특별히 예우를 해서 유리한 결과를 얻게 해주는 것이 전관예우예요. 이 문제가 심각해져서 사법부 전체에 대한 국민의 신뢰가 땅에 떨어지니까 해결 방안으로 15년 미만 검사나 판사로 근무했던 자가 퇴직 전 2년 내에 근무했던 근무지 근처에서 변호사 개업을 3년간 하지 못하도록 했습니다. 이에 대해 헌법재판소는 너무 과하게 기본권을 제한한다는 이유로 위헌이라고 판단했어요. 이후에도 전관예우 문제가 계속됐어요. 그래서 이번에는 퇴직 전 1년부터 퇴직한 때까지 근무한 법원이나 검찰청이 처리하는 사건을 1년 동안 수임할 수 없도록 하는 수임 제한 규정을 만들었습니다. 현재까지 이 규정은 큰 문제 없이 운영되어 오고 있습니다.

참고로 판사를 변호사 중에서 뽑는 소위 법조일원화 이후에는 후관예우 역시 문제가 되었습니다. 외부 법조 경력자 중 법관을 임용하는데, 특정 로펌과 기업 소속이었던 변호사가 대거 법관으로 임용되는 것은 그 판사가 진행하는 재판의 공정성을 해칠 수 있기 때문이죠. 그래서 변호사였다가 법관이 된 법관은 자신이 퇴직한 지 2년이 지나지 않은 로펌이 대리하는 사건 등에서 제척되도록 하는, 이른바 '후관예우 금지' 내용이 담긴 형사

주민의 헌법

소송법, 민사소송법 개정안을 제가 대표 발의하여, 21대 국회에서 통과되었습니다.

모든 국민은 주거의 자유를 침해받지 아니한다. 주거에 대한 압수나 수색을 할 때에는 검사의 신청에 의하여 법관이 발부한 영장을 제시하여야 한다.

주거의 자유를 보장하는 압수수색영장

16조는 주거의 자유를 다루는데, 주거의 자유를 침해받지 아니한다는 건 누군가 내 집에 함부로 들어오지 못하게 하는 권리를 말합니다. 만약 거주자 동의 없이 들어가게 되면 주거침입죄가 성립해요. 예를 들어 압수수색을 할 때도 영장이 있어야 들어갈 수 있어요.

물론 주거에 동의 없이 들어갈 수 있는 예외도 있습니다. '행정상 즉시강제'로, 눈앞에 닥친 위험을 제거하기 위해 즉시 행정력을 동원해 위험을 제거하는 걸 말합니다. 집에 불이 났다거나 집 안에서 강도에게 위협을 받고 있다거나 할 때 거주자에게 문 열어달라고 요청하고 문 열어주기를 기다렸다 들어가면 너무 늦겠죠? 이럴 땐 그냥 강제로 문을 열어버립니다. 가정폭력방

지법에도 이런 내용이 보장되어 있습니다. 집 안에서 가정폭력
이 일어나고 있는 것 같을 때는 경찰이 들어가서 막을 수 있습니
다. 질서유지와 공공복리를 위해서 주거의 자유도 제한될 수 있
기 때문이죠.

그러나 행정상 즉시강제는 기본권을 많이 침해할 수
있기 때문에 폭넓게 적용되지 않고 아주 좁게만 인정을 받습니
다. 얼마 전에도 소방관이 화재 진압을 위해 현관문을 강제로 열
고 들어가는 것이 적법한가가 논란이 되기도 했죠. 화재 진압 과
정에서 부서진 문, 차량, 간판 등이 파손된 것을 변상하라는 민원
도 많이 제기되고 있다고 합니다.

모든 국민은 사생활의 비밀과 자유를 침해받지 아니한다.

헌법에서 보장하는 사생활의 비밀과 자유

17조는 개인의 사생활을 침해받지 않을 권리를 정하고 있어요. 사실 사생활의 비밀과 자유를 보장받기 위해서는 17조뿐만 아니라 18조 통신의 비밀 보호, 14조 거주 이전의 자유, 16조 주거의 불가침 등이 모두 보장돼야 해요. 사생활의 비밀과 자유를 침해받지 않는다는 건 사생활의 내용이 누군가에 의해 몰래 수집되거나 나아가 이렇게 수집된 정보를 공개당하지 않을 권리를 의미합니다. 예전에 법원행정처가 국회 개헌특위에 포함되지 않아야할 정치인과 법조인의 리스트를 작성한 것이 알려져서 떠들썩했었죠? 저도 그 리스트에 들어가 있었어요. 제가 누구하고 친한지, 왜 친한지 이런 걸 리스트로 정리해놓았던 거예요. 이 내용을 만들려면 당연히 제 사생활을 들여다보아야 했겠죠. 이거 명백히 제 사생활을 침해한 겁니다.

이렇게 국가기관 등에 의해 사생활의 비밀이 침해될 때 적극적으로 대응해야 합니다. 이때 필요한 권리로 자기정보열람청구권, 자기정보정정청구권, 자기정보사용중지 및 삭제청구권 등이 있습니다. 이러한 권리는 개인정보보호법에서 구체적으로 정하고 있는데, 이 법에 의해서 개인정보의 처리에 관해 정보를 제공받거나 열람을 요구하거나 정정이나 삭제를 요구할 수가 있어요. 더해서 개인정보 처리로 인해 피해가 발생했을 때 신속하고 공정한 절차에 따라 구제받을 권리도 있습니다. 최근 사회문제로 대두되고 있는 몰카나 리벤지 포르노는 모두 사생활의 비밀을 침해받지 않을 권리를 침해하는 데다 개인정보보호법 등을 위반한 범법 행위가 될 수 있습니다.

• 제18조 •

모든 국민은 통신의 비밀을 침해받지 아니한다.

내가 참여한 대화를 녹음하면 불법일까

이 조항에서 통신을 전화라고만 생각하기 쉬운데 편지, 이메일, 대화 등 의사를 전달하는 수단은 모두 통신이에요. 대화 내용의 경우 통신의 비밀에 포함되기도 하고 사생활의 비밀에 포함되기도 합니다. 통신의 비밀을 보장하기 위해 도청과 같은 행위는 금지되어 있어요. 예외도 있는데, 범죄 수사를 할 때나 국가안보와 관련되었을 때 감청(법적 용어는 '통신제한조치')을 할 수 있습니다. 우편물을 들여다보거나 전화 같은 걸 감청하거나 하는 거죠. 하지만 통신제한조치는 기본권을 침해하는 중대한 행위이기 때문에 법률이 정해놓은 요건에 해당할 때 법률이 정한 방식과 절차로써만 할 수 있어요. '통신비밀보호법'이라는 법률을 통해 통신제한조치를 할 수 있는 경우와 방법 등을 정해놓았습니다. 그런데 맹점도 있어요. 범죄 수사를 위한 통신제한조치의 경우 2개월 단위로 연장할 수 있게 되어 있는데 연장의 횟수에는 제한이 없어요. 사실상 무제한 통신제한조치가 이뤄질 수 있었습니다. 이에 대해 2010년 헌법재판소는 위헌이라고 판단하면서 연장을 하더라도 총 1년을 넘기면 안 된다는 의견을 낸 바 있습니다. 이 결정에 따라 2019년 통신비밀보호법이 개정되어 현재는 예외적인 몇몇 경우를 제외하고는 연장되더라도 1년을 넘을 수 없게 개정되었습니다.

또 하나 일상생활에서 우리가 알아둬야 할 게 있어요. 남의 대화를 몰래 녹음하는 건 불법이라는 겁니다. 이때 헷갈리지 말아야 할 것이 내가 다른 사람과 대화를 하면서 녹음하는 건 불법이 아니에요. 상대방에게 동의를 안 받고 녹음해도 괜찮습니다. 왜냐하면 통신의 비밀이 아니거든요. 나한테는 비밀이 아니잖아요. 내가 대화 참여자이기 때문에 비밀이 아니고 따라서 비밀을 침해한 게 아니라고 해석됩니다. 대화 참여자 중 한 사람이 대화를 녹음하는 건 불법이 아니라는 대법원 판결이 있었고 이후 이런 녹음이 형사 사건의 증거로도 많이 쓰이고 있습니다. 상대방에게 알리지 않고 녹음했다고 해서 불법인 줄 아는 사람들이 많은데 헷갈리면 안 됩니다. 내가 대화 참여자일 땐 알리지 않고 녹음해도 괜찮습니다.

예전에 제가 국정감사 때 여성가족부 장관에게 이런 얘기를 한 적이 있어요. 여성가족부에서 운영하는 성폭력상담소에서 잘못 상담을 해준 얘기예요. 성폭력 피해 여성이 가해 남성하고 나눈 대화를 녹음했어요. 증거로 삼기 위해서죠. 성폭행 사실에 대해 얘기 나눈 걸 녹음해서 이걸 성폭력상담소에서 틀어줬는데, 상담원이 "그거 위법이에요. 빨리 지우세요."라고 했습니다. 유일한 증거를 없애버리라고 한 거죠. 이 상담원처럼 몰래 하는 녹음은 다 불법이라고 잘못 알고 있는 사람들이 많아요.

그렇다면 어떤 두 사람이 대화하는 걸 대화에 참여하지 않고 있던 제3자가 몰래 녹음하는 건 어떨까요? 이건 불법입니다. 왜냐하면 대화는 둘 사이에 이뤄진 거고 비밀은 제3자에게 지켜져야 하기 때문입니다. 정리하자면 자신이 끼지 않은 남들 간의 대화를 몰래 녹음하는 건 불법이지만, 대화 참여자 중 한 사람이 대화 내용을 몰래 녹음하는 건 불법이 아니에요. 증거로 쓰일 수도 있고요.

모든 국민은 양심의 자유를 가진다.

양심의 자유 = 신념의 자유

이 조항에서 말하는 양심의 자유에서 '양심'이 뭐라고 생각하세요? "너 참 양심이 없구나."라고 할 때의 그 양심을 말할까요? 그렇다면 19조는 국민들이 바른 마음을 가져야 한다는 얘기일까요? 바르지 않은 마음을 가진 사람은 비헌법적 국민이 되는 걸까요? 그러면 우리 모두 비헌법적인 국민이 될지도 몰라요. 바른 생각만 하는 사람 없잖아요. 다들 하루에도 몇 번씩 바르지 않은 마음 먹지 않나요?

　　헌법에서 사용하는 양심은 바른 마음, 도덕적인 마음을 의미하는 게 아니에요. 법관이 재판할 때 '법률과 양심에 따라'라고 하는 것도 바른 마음에 따라서 한다는 뜻이 아니에요. 헌법재판소의 해석을 한번 볼까요? 헌법재판소에서는 양심을 "어떤 일의 옳고 그름을 판단함에 있어서 그렇게 행동하지 아니하고서는 자신의 인격적인 존재가치가 허물어지고 말 것이라는 강력하고 진지한 마음의 소리"라고 말합니다. 좀 장황하죠? 뭔 소리인지 좀 헷갈리긴 해도 아무튼 일상적 의미의 양심과는 다름을 알 수 있을 거예요. 간단히 얘기해서 법률에서 쓰이는 양심은 바로 신념입니다. 그러니까 양심의 자유란 국민 각자가 자기의 신념을 가질 자유가 있다고 해석하면 됩니다. 그 신념이 네 모이든 세모이든 별표이든 상관하지 않는다는 뜻이에요.

누군가가 가진 신념이 내 마음에 들지 않을 수도 있어요. 하지만 인정해야 합니다. '어떻게 저런 인간이 있을 수 있지?' '아, 저 자식 정말 짜증나.' 하는 생각이 들더라도 인정하라는 말입니다. 짜증나고 화남에도 불구하고 인정하라는 거예요. 우리 헌법에서 그렇게 말하고 있어요. 종교가 다르고 이념이 다르고 신념이 달라도 각자 자기 것을 가질 자유가 있다고 19조와 20조에서 쭉 이야기하고 있는 겁니다. 헌법학자들은 이걸 '그럼에도 불구하고 정신'이라고 해요. 신념이 다름에도 불구하고 인정해주자는 거죠. 셀 수 없이 많은 신념 가운데 하나의 신념만 인정하고 나머지는 다 없애려고 하면 어떻게 되겠어요? 중국 진나라 때 분서갱유 생각해보세요. 실용서 몇 종류만 빼고 모든 서적 불태우고 학자들을 구덩이에 파묻어 죽였잖아요. 중세 유럽도 암울했죠. 별다른 근거도 없이 마녀로 지목된 사람들을 죽였어요. 그렇

주민의 헌법

게 하면 안 된다는 걸 얘기하는 게 바로 이 조항입니다. 남의 신념을 인정해주면 나의 신념 또한 존중받게 됨을 기억해주세요.

　　이 양심의 자유가 종종 논란의 중심에 서곤 합니다. 바로 '양심적병역거부' 문제인데, 제가 양심적병역거부자를 위한 대체복무제 법안을 내기도 했어요. 변호사 시절 헌법재판소에 소송을 하기도 했었고요. 이 사건이 나중에 양심적병역거부자를 위한 대체복무제를 두지 않은 병역법은 헌법에 반한다는 헌법불합치 결정을 받게 됩니다. 이 헌재 결정이 있기 전까지는 대법원은 양심을 이유로 군복무를 거부할 수 없다고 보아왔습니다. 그런데 양심적병역거부 문제를 얘기하다 보면 이런 얘기를 하는 사람이 꼭 있습니다. "그럼 군대 다녀온 사람들은 비양심적 병역 의무 이행자란 거냐."라고요. 이건 우리가 일상에서 사용하는 양심이라는 단어와 법률적으로 사용하는 양심이 다르다는 걸 몰라서 하는 말입니다. 앞에서 얘기한 것처럼 법률적 의미의 양심은 바른 마음을 말하는 게 아니니까요. 따라서 양심적병역거부자가 바른 마음을 갖고 병역을 거부하는 사람이라는 뜻이 아니라 자신의 신념에 따라 병역을 거부했다는 의미죠.

　　참고로 제가 대표발의한 양심적병역거부자를 위한 대체복무제를 인정하는 병역법 개정안이 여러 다른 법안들과 병합

심사되어 2019년 본회의를 통과하여 시행되고 있습니다. 심사 과정에서 애초 발의한 내용과는 많이 달라졌는데, 대체복무제 관련해서 복무기간이 지나치게 길다는 지적 등 논란이 여전히 이어지고 있어 제도 개선을 해야 한다는 목소리가 높아지고 있는 만큼 추가적인 개정이 필요해보입니다.

다음으로 국기에 대한 경례를 거부할 수 있느냐 하는 문제도 논란이 되곤 합니다. 미국은 국기에 대한 경례를 강제하는 것을 위헌으로 보고 있어요. 그런데 미국 스포츠계에서 이런 일이 있었어요. 잇달아 벌어지고 있는 소수 인종에 대한 폭력 사태를 비판하면서 국기에 대한 경례를 거부하고 국가가 연주되는 동안 무릎을 꿇는 선수들이 나타난 거예요. 2016년 8월 NFL 샌프란시스코 포티나이너스의 전 쿼터백 콜린 캐퍼닉이 시작한 항의 행동을 이어받은 것입니다. 트럼프 미 대통령이 이에 대해 거칠게 문제를 제기하자 오히려 더 많은 선수들이 무릎을 꿇는 행동에 동조하고 나섰죠. 심지어는 연방의회 의원들도 동참하고 나섰습니다.

여러분은 어떻게 생각하십니까? 국기에 대한 경례를 양심의 자유를 들어 거부할 수 있다고 보십니까? 아니면 그럴 수 없다고 보십니까?

종교 수업을 거부할 자유가 있을까

우리나라에서는 불교, 개신교, 천주교, 이슬람교, 도교, 무속신앙 등 어떤 종교를 믿든 자유입니다. 헌법에서 종교의 자유를 보장해주고 있으니까요. 내가 어떤 종교를 갖든 자유인 것처럼 다른 사람이 가진 종교도 인정해줘야 합니다. 이게 종교의 자유예요.

이렇게 개개인이 원하는 종교를 가질 자유가 있기 때문에 국교國敎 역시 인정될 수 없습니다. 나아가 특정 종교를 우대하는 것도 금지되어 있고요. 국공립학교의 교사가 수업 시간에 특정 종교를 선전해도 될까요? 국공립학교에서 특정 종교를 가르치는 수업을 하는 건 괜찮을까요? 둘 다 안 됩니다. 종교의 자유를 침해할 수 있기 때문이죠. 사립학교의 경우에는 학교 설립 이념에 따라 종교 교육을 하기도 하지만 이 역시 강제로 하는

주민의 헌법

것은 안 됩니다.

　　당연히 종교와 정치도 분리되어 있습니다. 물론 예전에는 종교와 정치가 하나였어요. 조선이 유교를 통치 이념으로 삼았던 것처럼 말이죠. 하지만 지금은 아닙니다. 물론 지금도 종교와 정치가 하나인 나라가 있긴 합니다. 이슬람 국가들 가운데 이런 곳이 많은데, 종교 지도자가 정치를 좌지우지하기도 하죠. 또 종교가 정치적 분쟁의 원인이 되기도 하고요.

┌─────────────────────────────────────┐
│   ◆ 제21조 ◆   │
│   │
│ ① 모든 국민은 언론·출판의 자유와 집회·결사의 자유를 가진다. │
│ ② 언론·출판에 대한 허가나 검열과 집회·결사에 대한 허가는 │
│   인정되지 아니한다.   │
│ ③ 통신·방송의 시설기준과 신문의 기능을 보장하기 위하여 필 │
│   요한 사항은 법률로 정한다.   │
│ ④ 언론·출판은 타인의 명예나 권리 또는 공중도덕이나 사회 │
│   윤리를 침해하여서는 아니된다. 언론·출판이 타인의 명예나 │
│   권리를 침해한 때에는 피해자는 이에 대한 피해의 배상을 청 │
│   구할 수 있다.   │
└─────────────────────────────────────┘

집회, 신고제 vs 허가제

그 유명한 표현의 자유에 관한 조항으로 언론·출판·집회·결사의 자유를 보장하고 있습니다. 중대한 의미를 가지고 있는 만큼 이 자유를 이런 식으로 제한하면 안 된다는 내용까지 헌법에 명시해두었습니다. 언론과 출판에 대해서는 허가 제도가 있어서는 안 되고 검열 역시 안 되며, 집회와 결사에 대해서는 허가 제도가 있으면 안 된다고 말이죠.

그렇다면 언론, 출판에 있어서 금지되고 있는 허가 및 검열은 뭘 말할까요? 첫째 표현물을 사전에(대중에게 공포하기 전에) 국가기관에 제출할 의무가 있고, 둘째 제출받은 표현물을 국가기관이 심사하고, 셋째 심사 결과에 따라서 배포나 표현의 가능 여부를 결정하는 3단계의 구조로 되어 있을 때 이것을 검열 또는 허가로 봅니다.

과거의 신문 발행 과정을 보면 쉽게 이해될 거예요. 80년대 초반까지만 해도 신문사가 신문을 찍어서 바로 배포할 수 없었습니다. 인쇄된 신문을 국가기관에 보내면 국가기관에서 쭉 살펴본 다음 안 되는 기사에 X 표시를 해요. 그러면 그 자리가 비워진 채로 신문이 나옵니다. 심할 때는 신문이 아예 못 나올 때도 있었어요. 저는 당시에 어렸기 때문에 기억이 안 나지만 기억하는 분들도 있을 거예요. 영화도 마찬가지였습니다. 영화를 수입하거나 제작했을 때 국가기관이 먼저 보고 영화 상영을 해도 되는지 안 되는지 결정했어요. 방송 프로그램도 마찬가지였습니다.

이런 검열이나 허가를 하면 안 된다는 얘기예요. 요즘에는 이런 일이 없죠. 신문의 경우 문제 있는 기사라고 하면 피해를 받은 사람이 정정 보도나 손해배상을 청구하게 돼요. 이렇게 사후적인 조치는 가능하지만 사전적인 검열이나 허가 같은 조치는 금지되어 있습니다. 사전에 하는 조치로 상영금지가처분제도나 출판금지가처분제도가 있는 거 아닌가 생각하는 분도 있을 거예요. 그런데 이 제도는 개인이 어떤 영화나 책 등으로 인해 피해를 볼 것 같다고 생각될 때 영화 상영이나 책 출판을 금지해달라고 법원에 청구를 하는 거예요. 그러면 법원이 개인의 법익이 침해되는지를 살펴서 상영이나 출판을 금지합니다. 이건 소송이 제기된 개별적인 영화나 출판물에 한정된 것이고, 국가기관이 아니라 개인이 법원을 통해 문제 삼는 것이기에 모든 영화나 출판물을 상시적으로 법원에 보내서 허락을 받는 건 아니에요. 그러니까 과거의 검열이나 허가와는 완전히 다르죠.

집회에 대해서도 허가제는 안 된다고 되어 있어요. 그런데 실제 집회 관련해서는 조금 문제가 있습니다. 절차가 어떻게 되냐 하면, 집회를 하려면 몇 월 몇 일, 어디서, 몇 명이, 어떤 주제로, 어떤 장비를 가지고 집회를 하겠다고 해당 지역을 관할하는 경찰에 사전에 신고를 반드시 해야 합니다. 그러면 경찰에서 심사한 다음에 광범위한 사유로 금지 통보를 할 수 있어요. 그런데 모든 집회에 대해 사전에 경찰에 신고하고, 경찰은 심사를 해서 집회를 해도 된다 또는 안 된다고 결정하게 되면 이게 바로 허가 제도 아닌가요? 허가 제도를 운영하지 않고 사전에 그냥 신고만 하면 집회를 하게 해주는 게 원칙인데, 실제 집시법을 들여

주민의 헌법

다보면 이렇게 허가제처럼 운영될 수 있도록 되어 있고, 실무도 그렇게 운영되고 있어요. 이름만 사전 '신고'인 거죠. 그래서 위헌성이 있다는 비판이 제기되고 있고요. 제가 위헌 소송을 몇 번 냈는데도 이건 바로 잡히지 않더라고요.

집회와 관련해서 꼭 짚고 넘어가고 싶은 게 있어요. 매체들이 집회 관련해서 험악한 장면만 내보내서 그런지, 아니면 집회 때문에 교통체증 생기는 게 싫어서 그런지 집회를 마치 범죄 행위처럼 생각하는 분들이 있어요. 여러 사람이 모여서 의사표현을 하다 보니 어느 정도 주변 사람들에게 불편을 끼치는 건 피할 수 없는 일 아닐까요? 집회야말로 정말 중요한 표현의 자유라는 걸 알아주셨으면 좋겠습니다.

헌법학자들이 기본권의 순위를 매기거든요. 가장 중요한 기본권이 뭘까요? 가장 중요한 기본권은 생명권이에요. 살아 있지 않으면 기본권이라는 건 없잖아요. 그다음 중요한 권리가 표현의 자유예요. 왜냐하면 인간이 다른 동물과 구분되는 것이 생각하고 표현할 수 있다는 겁니다. 따라서 표현의 자유는 인간의 본성에 기인한 기본권이고, 인간을 인간답게 만드는 기본권이에요. 또 우리가 신봉하는 민주주의를 작동시키려면 선거에서 사람만 뽑으면 끝이 아니잖아요. 잘못하면 "너 왜 이렇게 잘못하니."라고 말할 수 있어야 하잖아요. 그게 바로 표현 행위예요. 그래서 민주주의를 작동시키는 제도적인 기본권이라고 평가받는 게 표현의 자유입니다. 표현의 자유에는 이렇게 여러 가지 의미가 있어요. 인간을 인간답게 만드는 기본권이자, 민주주의를 구현하는 기본권이라는 의미 말입니다. 그래서 표현의 자유가 생명권 다음으로 소중한 기본권이라고 이야기합니다.

그래서 헌법학자들은 교통체증을 이유로 집회를 해산시키는 걸 이해 못 해요. 교통이 원활해야 한다는 기본권은 어느 정도 순위에 있을까요? 저기 바닥에 있어요. 근데 그걸 이유로 경찰이 강제로 집회를 해산한단 말이에요. 그게 터무니없는 일이라고 헌법학자들은 생각합니다. 앞으로 집회나 시위를 보면 '어휴, 저런 범죄자들.' '차 막혀서 짜증나.' 하고 생각하지 말고 '기본권을 행사하고 있구나.' 하고 생각해주면 좋겠어요. 설령 집회 내용이 마음에 안 들더라도 말이죠. 그럼에도 불구하고 인정해줘야 하는 겁니다. 어떤 사람은 태극기집회를 마음에 안 들어 합니다. 또 촛불집회를 마음에 안 들어 하는 사람도 있겠죠. 앞서 말한 '그럼에도 불구하고 정신'이 이럴 때 필요한 거 아닐까요?

그런데 집회의 자유를 위축시키는 터무니없는 일이 윤석열 정부 들어서서는 대통령실 차원에서 이뤄졌습니다. 윤석열 정부에서 집시법 11조의 '대통령 관저로부터 100m 이내 집회 금지' 조항을 근거로 대통령 관저가 아닌 대통령집무실도 관저라며 집회를 금지하기 시작했어요. 하지만 대법원에서 '대통령실은 관저가 아니다'라며 집회가 가능하다고 판단하였습니다. 그러자 윤석열 정부는 대통령실 앞 집회를 금지할 수 있도록 집시법 시행령을 바꿔버렸어요. 교통 질서 유지를 위해 집회·시위를 금지할 수 있는 주요 도로를 추가했는데 그중 용산 대통령실과 관저를 둘러싼 도로들을 추가하는 방법으로요. 윤석열의 헌법과 법원을 무시하는 태도는 여기서도 엿볼 수 있습니다.

① 모든 국민은 학문과 예술의 자유를 가진다.
② 저작자·발명가·과학기술자와 예술가의 권리는 법률로써 보호한다.

학문의 자유의 범위는?

모든 국민은 학문과 예술의 자유를 가집니다. 학문의 자유는 진리 탐구와 관련된 자유를 말해요. 진리 탐구를 하려면 연구의 자유가 필요하고 그렇게 연구한 결과를 가르칠 자유도 필요하죠. 학문을 위해 집회나 결사를 하는 자유도 따라오고요. 이런 것들이 모두 학문의 자유에 포함돼요. 그럼 대학이 외부의 간섭이나 방해를 받지 않고 자율적으로 운영되어야 한다는 대학의 자유는 학문의 자유에 포함될까요? 논란이 좀 있긴 한데 헌법재판소는 이것도 학문의 자유에 포함된다고 보고 있어요.

다음은 예술의 자유예요. 표현의 자유의 한 부분으로 볼 수도 있겠지만 이를 별도의 기본권으로 규정하는 것은 그만큼 예술의 자유가 다른 영역에 미치는 영향이 큰 중요한 기본권이라는 의미이죠. 자유롭게 예술을 하기 위해서는 예술 창작이나 표현의 자유, 창작물을 유포할 자유가 필요해요. 학문의 자유와 마찬가지로 예술 관련 집회와 결사의 자유도 있고요. 학문과 예술의 자유와 관련해 저작자나 발명가, 과학기술자, 예술가의 권리를 법률로 보호해주고 있는데, 대표적인 것이 여러분도 잘 알고 있는 '저작권법'입니다. 저작권은 지적재산권 가운데 하나로, 소설, 시, 논문, 강연, 연설, 각본 등의 어문 저작물 외에도 음악, 연극, 무용, 미술 작품, 건축물, 사진, 영상물, 컴퓨터 프로그램 등이 포함됩니다.

① 모든 국민의 재산권은 보장된다. 그 내용과 한계는 법률로 정한다.
② 재산권의 행사는 공공복리에 적합하도록 하여야 한다.
③ 공공필요에 의한 재산권의 수용·사용 또는 제한 및 그에 대한 보상은 법률로써 하되, 정당한 보상을 지급하여야 한다.

재산권은 불가침의 영역이 아니다

23조 1항을 보면 재산권을 보장한다고 되어 있는데, 재산권은 천부적인 것이 아니에요. 재산권의 내용과 한계는 다 법률로 정하기 나름입니다. 재산권의 개념이나 대상이 고정적이지 않음을 잘 보여주는 예를 들어보겠습니다. 1700년대까지만 해도 아메리카 대륙 인구의 4분의 3이 거래 대상이었습니다. 무슨 이야기냐고요? 바로 노예 얘기입니다. 그때는 인간이 재산권의 대상이었죠. 지금은 어떻습니까? 인터넷에서 노예 두 명 주문하면 배송되어 오나요? 절대 안 오죠. 이런 거래 자체가 있을 수가 없어요. 예전에는 사람을 거래할 수 있었는데 지금은 왜 안 될까요? '사람은 소유의 대상이 된다.'는 사회적 합의가 '사람은 소유의 대상이 되지 않는다.'로 바뀌었고, 그것이 법으로 규정되어 노예 소유를 금지하고 있기 때문입니다. 다시 한 번 말씀드리지만 재산권이란 하늘에서 내려준 게 아니라 사회 구성원들이 의논해서 결정하는 겁니다. 그런데도 재산권을 마치 하늘이 내려준 신성불가침의 영역처럼 여기는 분들이 많습니다. 법학을 조금이라도 공부한 사람이라면 이런 주장에 동의할 수가 없어요.

참고로 법학에서는 어떤 사람이 어떤 물건을 소유한다는 것을 정당화하기 위해 여러 철학적 이유들이 동원되었습니다. 대표적인 게 소유의 대상은 신이 준 선물인 자연에 내 땀과 노력이 결합되어 만들어지기 때문에, 내 땀과 노력이 결합된 것을 내가 가지는 것은 정당하다는 거예요. 그런데 소유의 이런 의미가 점점 변질되면서 이제는 땀 한 방울 안 흘리고서도 다 가질 수 있는 것처럼 여기고 있잖아요.

또한 재산권을 행사할 때는 공공복리에 적합하게 행사해야 하고, 공공의 필요에 의해 재산권을 사용 또는 수용할 수 있습니다. 문재인 대통령이 발의했던 개헌안에 토지공개념이 들어갔다고 해서 사회주의 헌법이라고 하는 사람들이 있었는데, 이미 우리 헌법 23조에 이런 개념이 다 들어가 있어요. 수용도 할 수 있고, 사용도 할 수 있고, 제한도 할 수 있도록 되어 있습니다. 이건 헌법이 처음 만들어졌던 제헌헌법 때부터 있었던 조항이에요. 그러니까 재산권을 제한한다거나, 시장에 대해서 국가가 관여한다거나 하는 일들이 사회주의적인 게 전혀 아닙니다. 우리 헌법에 원래부터 명시되어 있었을 뿐 아니라 철학적으로도 아주 뿌리 깊은 것임을 이해할 필요가 있습니다.

주민의 헌법

모든 국민은 법률이 정하는 바에 의하여 선거권을 가진다.

만 18세가 할 수 있는 것과 할 수 없는 것

대한민국 국민이라고 해서 모두 다 선거에 참여할 수 있는 건 아닙니다. 누구에게 선거권을 줄지를 정하고 있는 게 바로 '공직선거법'이에요. 예전에는 이 법에 따라 만 19세 이상이어야 선거권을 가질 수 있었어요. 그런데 18세가 되면 군대를 갈 수 있고, 시험을 봐서 공무원도 될 수 있어요. 부모 동의가 필요하긴 하지만 결혼도 할 수 있습니다. 운전면허도 딸 수 있죠. 그런데 투표권은 안 주었던 것입니다. 이상하지 않나요? 전 세계 200여 개 나라에서 18세 이하에 투표권을 주고 있기에 더욱 이상하죠. 그래서 선거 가능 연령을 낮추자는 운동이 지속적으로 일어났고, 그 결과 2019년 12월 선거 가능 연령을 18세로 낮추는 공직선거법 개정안이 통과되었습니다.

청소년들에게 정치적 기본권을 부여하고 잘 행사할 수 있도록 준비시키는 건 오히려 우리 교육 이념에 부합하는 일입니다. 교육기본법을 보면 '민주시민으로서 필요한 자질을 갖추게 함으로써 인간다운 삶을 영위하게 하고 민주국가의 발전과 인류공영의 이상을 실현하는 데에 이바지하게 함을 목적으로 한다.'라고 되어 있거든요. 헌법 전문에서 그 정신을 계승한다고 언급하고 있는 3·1운동이나 4·19혁명도 학생들이 주도했잖아요. 이렇게 우리나라의 다른 제도와 비교했을 때, 다른 나라와 비교했을 때, 18세 청소년의 구성 비율을 봤을 때, 교육 이념과 헌법 정신을 고려했을 때 모두 18세부터 선거권을 주는 게 자연스럽다고 봅니다.

모든 국민은 법률이 정하는 바에 의하여 공무담임권을 가진다.

40세 미만은 대통령이 될 수 없다

국가기관에서 공무를 맡을 수 있는 권리가 공무담임권입니다. 국가기관에서 공무를 맡아 일하려면 어떻게 해야 할까요? 선거에서 선출되거나 임명되면 돼요. 그런데 선거권과 마찬가지로 공무담임권도 누구에게나 주어지는 게 아니라 법률이 정하는 바에 따라 주어집니다.

　　우리나라 국민이라면 누구나 대통령이 될 수 있을까요? 그렇다고 생각하기 쉽지만 아닙니다. 대통령의 경우는 헌법에 40세 이상이어야 한다고 정하고 있어요. 제 아무리 신묘한 능력을 가진 사람이라 해도 40세가 안 되면 대통령이 될 수 없어요. 국회의원은 어떨까요? 스물네 살 먹은, 정말 똑똑하고 능력 있는 사람이 있다고 합시다. 예전에는 이런 사람도 국회의원으로 출마할 수 없었어요. 국회의원 출마 자격이 '만 25세 이상'으로 제한

돼 있었기 때문이죠.

그런데 다행히도 2021년 공직선거법이 개정되면서, 이제는 만 18세 이상이면 국회의원과 지방선거에 출마가 가능해 졌습니다. 이건 청년의 정치 참여를 넓히자는 사회적 요구가 반 영된 결과였습니다.

제 생각에는 이런 연령 기준은 바꿔야 합니다. 대통령이 꼭 40세 이상이어야 할 필요 없잖아요. 그래서 요즘에 선거권을 갖게 되는 연령과 맞춰서 이 연령 제한도 좀 낮추자는 의견이 나오고 있습니다. 유럽은 19세에 시장 되고 20세에 장관 되는 사람도 있거든요. 현실적으로 40세에 대통령이 되려면 20대 때부터 뭔가를 하고 있어야 경험이나 실력이 늘지 않겠어요? 그런데 우리나라는 이런 기회를 보장해주지 않고 있어요.

정당 가입 연령도 마찬가지예요. 2022년 1월 정당법이 개정되기 전에는 선거권을 가지는 나이, 그러니까 만 19세가 돼야 정당에도 가입할 수 있었어요. 당시 외국에서는 15~16세만 돼도 정당 가입이 가능했거든요. 그래서 2022년 1월 정당법을 개정하면서 16세 이상이 되면 정당에 가입할 수 있게 바뀌었어요. 정치에 관심 있는 청소년들이 정당에 조금 일찍 가입하여 다양한 경험을 할 수 있는 길이 터진거죠.

주민의 헌법

앞서 헌법 전문에 대하여 다룰 때 우리 헌법 전문에 담긴 역사적 사건 모두 청년과 청소년의 정치 참여로 촉발되거나 진행된 사건이라고 말씀드린 적이 있어요. 정작 청소년의 정치 참여로 나라도 만들어지고, 헌법도 만들어졌다고 하면서 이제 와서 청소년의 정치 참여를 제한하는 것은 시대착오적인 것 같아요.

① 모든 국민은 법률이 정하는 바에 의하여 국가기관에 문서로
  청원할 권리를 가진다.
② 국가는 청원에 대하여 심사할 의무를 진다.

국가에 건의할 수 있는 권리

1항에서 말하는 법률은 '청원법'입니다. 이 청원법에 따라 국가기
관에 문서로 청원할 수가 있고 청원을 받은 국가기관은 반드시
심사를 해야 하죠. 국회도 청원을 받습니다. 이때의 법률은 국회
법으로, 과거에 국회에 청원할 때 반드시 국회의원의 소개가 있
어야 했어요. 이에 따라 소개해줄 국회의원을 못 구해서 청원을
못 하는 경우가 있었어요. 이건 잘못됐다고 해서 국회법을 고치
자는 이야기가 많이 나왔고, 또 청원을 해도 실효성이 없다는 이
야기도 많았습니다. 실제로 19대 국회에 접수된 청원이 226건인
데, 이 중 8건만이 본회의에 회부되었고 원안가결된 것은 그중에
서도 2건에 불과했을 정도니까요. 이렇기 때문에 국회에 대한 청
원의 숫자가 점차 줄어들고 있었습니다.

그래서 '국회의원 소개 없이도 청원을 할 수 없을까?'를 고민했어요. 그러다 2018년에 제가 진행했던 '일하는 국회 프로젝트'에 참여한 한 시민이 '전자청원 제도'를 제안했고, 이를 바탕으로 한 달간 개정안 작성 작업이 진행되었어요. 당시 경남지사 출마를 위해 국회의원직을 사퇴하려던 김경수 전 의원을 통해 국회법 개정안을 발의했고, 2019년 4월 통과되어 2020년 1월 10일부터 여러분이 알고 계시는 '국민동의청원제도'가 시행되었어요.

이 제도는 30일 이내 100명이 동의하면 국회 홈페이지에 청원이 등록되고, 이후 90일 이내에 10만 명이 동의하면 이전과 달리 국회의원 소개 없이도 공식 청원으로 인정되어 심사됩니다. 하지만 10만 명 기준이 너무 높다는 의견이 나오면서, 2021년 7월, 개선을 위한 시민사회 토론회(박주민, 고영인, 김용민, 양경숙, 장경태, 조오섭, 최혜영 의원 + 국민동의청원제도개선시민사회 TF)가 열렸어요. 그 결과 같은 해 12월, 동의 기준이 5만 명으로 완화되었어요.

청원에 대한 국회의 심사를 좀 더 강제하기 위해서도 움직였는데, 이 부분은 아직 개선되지 못 했어요. 우선 2022년 4월 ①위원회에 청원이 회부된 때로부터 30일이 지난 이후 열린 첫 회의에 예외 없이 청원이 상정되게 하고, ②심사되지 않아서 심사 기간을 연장할 때 추가 연장기한도 6개월 범위에서 1차례만 연장할 수 있도록 제한하여 국회의원들이 싫어도 청원을 심사하게 만드는 국회법 개정안을 제가 대표발의했는데 통과가 안 되었고요. 22대 국회 들어와서 다시 동일한 내용으로 발의해 놓은 상태입니다.

① 모든 국민은 헌법과 법률이 정한 법관에 의하여 법률에 의한 재판을 받을 권리를 가진다.

② 군인 또는 군무원이 아닌 국민은 대한민국의 영역 안에서는 중대한 군사상 기밀·초병·초소·유독음식물공급·포로·군용물에 관한 죄중 법률이 정한 경우와 비상계엄이 선포된 경우를 제외하고는 군사법원의 재판을 받지 아니한다.

③ 모든 국민은 신속한 재판을 받을 권리를 가진다. 형사피고인은 상당한 이유가 없는 한 지체없이 공개재판을 받을 권리를 가진다.

④ 형사피고인은 유죄의 판결이 확정될 때까지는 무죄로 추정된다.

⑤ 형사피해자는 법률이 정하는 바에 의하여 당해 사건의 재판 절차에서 진술할 수 있다.

배심원이 판결하면 왜 안 될까

27조는 형사소송법 중 재판과 관련된 내용이에요. 앞서 12조에서는 수사와 관련된 내용을 얘기했었어요. 이 12조와 27조를 잘 알아두면 굉장히 도움을 많이 받을 수 있습니다. 27조 1항에서는 모든 국민은 헌법과 법률이 정한 법관에 의하여 법률에 의한 재판을 받을 권리가 있다고 되어 있어요. 그런데 이 부분 때문에 논쟁이 되는 게 있습니다. '법관에 의하여' 재판을 받는다고 되어 있기 때문에 배심원 제도 도입이 안 돼요. 미국의 배심원제 보세요. 유죄와 무죄를 누가 결정합니까? 배심원이 결정합니다. 그러면 이건 배심원에 의해서 재판을 받는 거죠. 법관이 아니고요. 그러니까 우리나라에서는 안 되는 거예요. 배심원제 비슷하게 우리나라에서 운영하는 제도가 있긴 해요. 바로 '국민참여재판'이에요. 그런데 국민참여재판에서 배심원이 결정을 못 해요. 의견만 냅니다. 법관은 그 의견을 참고만 해요. 그래서 문재인 정부 시절 정부가 제출한 개헌안에서는 '법원에 의해 재판을 받을 권리'로 바꾸려고 했었어요. '법관'을 '법원'으로 바꾸려고 한 거죠. 이렇게 하면 배심원제도 법원 시스템의 하나니까 배심원제가 폭넓게 도입될 수 있잖아요. 그런데 개헌은 자유한국당의 반대로 안 됐어요.

2항은 군사재판에 관한 내용입니다. 중요한 군사 관련 범죄의 경우 군사법원의 재판을 받습니다. 비상계엄이 선포되었을 때도 군사재판을 받게 되어 있고요. 그럼 지금 우리나라에 군사법원이 있다는 얘긴데, 평상시 군사법원을 운영하는 나라가 몇 개나 될까요? 미국하고 우리나라 말고는 없습니다. 그런데 미국의 경우는 군사법원이 필요해요. 왜일까요? 미국 군대는 전 세계에 나가 있잖아요. 전 세계에 퍼져 있는 미국 군인들이 범죄를 저질렀을 때 항상 본국으로 데려와서 재판을 하는 건 현실적으로 너무 힘들어요. 그래서 군사법원을 두는 겁니다. 전쟁 중이거나 해외에 군대를 파견했을 때, 그래서 본국에서 재판을 받기 어려울 때 군사법원을 운영합니다. 우리나라가 지금 전쟁 중인가요? 아니죠. 해외 파병을 하고 있긴 해도 파병의 목적이 전투를 위한 건 아니에요. 평화 유지를 위한 거죠. 그래서 사실은 군사법원을 둘 이유가 없어요. 그럼에도 불구하고 군사법원을 두고 있기 때문에 이 제도가 위헌적이다, 잘못되었다는 평가를 받고 있습니다. 그래서 군사법원 제도 폐지가 개헌의 쟁점 중 하나입니다.

군사법원을 없애자고 하는 사람들은 왜 그런 주장을 할까요? 사법부는 독립되어야 하는데, 군사법원은 독립성이 약하다는 평가를 받고 있어요. 군판사가 국방부에 소속되어 있기 때문입니다. 또 보통군사법원의 재판부 구성을 보면 군판사만으로 이루어지지 않고 심판관이라고 하는 장교가 재판부의 구성원으로 참여하게 되어 있어 공정한 재판이 더 어려운 게 아닌가 하는 우려가 있습니다. 그래서 수많은 군대 내의 사망 사건, 성폭행 사건 등이 제대로 수사도 재판도 받지 않기도 했어요. 이런 사건

중 하나가 고 이예람 중사 사망 사건이었습니다. 사건 당시 이예람 중사가 안치되어 있던 수도병원을 방문해서 유족을 만났었는데, 유족 중 한 분이 제게 이예람 중사 자신이 직접 촬영한 사망 당시 영상을 보여주셨어요. 얼마나 억울하면 본인이 직접 그 영상을 촬영했겠냐며 억울함을 반드시 풀어달라고 하셨지요. 굉장한 충격을 받았는데 거기서 끝이 아니었습니다. 이예람 중사가 안치되어 있던 시신보관소에는 길게는 수 년, 짧게는 수 개월 동안 유족이 모셔가지 않은 시신들이 안치되어 있었어요. 이유는 군에서 내세운 사망 이유에 대해 유족들이 불신을 가지고 있었기 때문이었어요. 그때 결심했어요. 적어도 군 내에서 발생하는 사망 사건이나 성폭력 사건은 수사단계부터 군 기관이 아니라 민간 기관에서 하게 하자고요. 그래서 군사법원법 개정안을 발의했습니다. 군에서 살인 사건이나 성폭력 사건이 발생하고 군 수사기관이 그 사실을 알면 바로 신속하게 민간 수사기관으로 사건을 이첩하라는 내용으로 말이죠. 이 법안은 수많은 군 장성들의 반대가 있었지만 결국 통과되었고, 현재는 군대 내 사망 사건과 성폭력 사건은 수사 단계부터 민간 수사기관이 수사를 담당하고 있습니다.

그런데 윤석열 정부 들어서 채해병 사망 사건이 발생합니다. 2023년 7월 19일, 경상북도 예천군에서 집중호우로 인한 실종자 수색 작업 중 해병대 제1사단 소속 채수근 일병이 급류에 휩쓸려 사망한 사건입니다. 이 사건을 민간 수사기관에 이첩하려고 했을 때 해병대 사령관과 국방부 장관 등이 이첩을 하지 말라고 하거나, 이첩하는 내용을 수정하여 이첩하라는 명령을 하는데 이 수사를 담당하던 박정훈 대령이 거부하는 일이 벌어집니다. 이후 박정훈 대령은 항명죄로 기소되어 군사법원의 재판을 받지만 1심에서 무죄가 선고되어요. 그 1심 판결문을 보면 제가 이 법을 만든 취지가 잘 반영되어 있어요. 군대 내 사망 사건이 발생하고 그 사실을 군 수사기관이 알게 되면 바로, 신속하게, 딱 민간 수사기관에 이첩하라는 것이 이 법의 취지인데 국방부 장관 등의 명령은 그것을 방해하려 한 것이기에 정당한 명령이 아니라는 취지입니다. 국회의원이 되고서 한 일들 중 보람있는 일 중 하나로 기억되는 순간이었습니다.

3항에서는 신속한 재판을 받을 권리, 공개재판을 받을 권리를 얘기하고 있어요. 법원에 가면 아무 형사 법정에나 들어갈 수 있습니다. 왜냐면 다 공개재판이거든요. 다만 참관인이 너무 많이 몰릴 것 같을 때는 번호표를 뽑은 사람만 들어갈 수 있게 합니다. 또 피해자나 피고인의 사생활을 보호해야 될 필요가 있다고 판사가 특별한 판단을 내렸을 때도 비공개로 할 수 있어요. 예를 들어서 성폭력 사건 같은 거죠. 이런 경우 말고는 원칙적으로는 공개재판으로 진행합니다.

다음으로 형사 피고인은 유죄판결이 될 때까지 무죄
로 추정된다고 되어 있는데, 이게 '무죄 추정의 원칙'입니다. 그래
서 재판을 받고 있다는 이유로 마치 범죄자처럼 취급하면 안 됩
니다. 하지만 우리나라에서는 이게 잘 안 되고 있죠. 구속만 되
어도 죄인이라고 생각하는 경향이 있어요. 구속은 형이 확
정된 게 아니고 수사나 재판이 진행 중인 상태인데 말입니
다. 그래서 검찰은 어떻게든 구속을 시키려고 해요. 구속시
키면 성공했다고 생각합니다. 특히 정치적인 사건에서 그
래요. 누굴 구속하면 국민들은 유죄라고 생각하기 때문에
자기들이 성공했다고 생각하는 거예요. 나중에 무죄판결을
받아도 사람들은 기억 안 하거든요.

그리고 형사 피해자는 당해 사건의 재판 절차에서 진
술할 수 있다고 되어 있어요. 형사 피해자는 형사 사건의 당사자
가 아니라고 했었죠. 그래서 이 조항이 있는 거예요. 당사자면 이
조항이 있을 필요가 없죠. 당사자는 누구라고 했어요? 형사 피해
자가 아니라 가해자와 검사예요. 가해자와 검사는 당연히 재판
의 당사자이기 때문에 진술도 하고 증거도 내고 합니다. 그런데
피해자는 당사자가 아니기 때문에 진술할 권리를 보장해주려고

이 조항을 특별히 둔 거예요. 그래서 형사 피해자 중에 정말 억울해서 가해자에게 한마디하고 싶다 할 때 신청을 해서 법정에서 이야기할 수 있습니다. 가해자가 얼마나 나쁜 사람인지 말할 수 있도록 진술을 보장해주는 거예요. 그래서 세월호 참사 관련 재판 때 사망자 가족들이나 생존자들이 피해자 자격으로 진술을 많이 했었어요.

이렇게 권리가 보장되어 있는데도 사실 법원이 진술하도록 잘 안 해줘요. 피해자가 무슨 이야기를 하냐는 식이죠. 그래서 재판을 해도 피해자 입장에서 치유가 안 되는 겁니다. 재판을 통해서 가해자를 처벌하게 되면 피해자 입장에서 좀 회복이 될 거라고 생각들 하잖아요. 그런데 실제로는 그렇지 않다고 해요. 왜? 재판에 나가서 진술도 못 하게 하고 참여할 방법도 없으니까 마치 남의 일처럼 재판이 진행되잖아요. 그냥 시간 지나서 결과만 나옵니다. 그래서 회복된다는 느낌을 못 받는다는 거예요. 최근에 '회복적 형사 절차'라고 해서 피해자들을 처음부터 참여시키고 피해자들의 이야기를 들어주고 하는 식으로 형사 절차를 바꿔야 한다는 이야기가 많이 나오고 있어요.

사형제가 많은 논란의 대상이 되고 있음에도 폐지 쪽으로 가지 못하는 이유 중 하나를 얘기해보겠습니다. 사형이 워

낙 강력한 처벌이다 보니 가해자에 대한 사형선고를 통해 피해자가 입은 피해와 감정적 상처가 치유된다고 생각하는 사람들이 많습니다. 그런데 정작 가해자가 사형선고를 받아도 피해자가 크게 회복이 안 된다고 해요. 반면 회복적 형사 절차를 도입함으로써 수사나 재판 과정에 피해자가 지속적으로 참여해 어느 정도 심리적인 치유가 되면, 가해자에게 꼭 사형선고를 하지 않아도 된다는 식으로 이해의 폭이 넓어진다고 하더라고요. 그래서 저는 사형제 폐지로 가면서 회복적 사법 절차도 같이 고민되면 좋겠다는 생각을 갖고 있습니다.

> ### ◆ 제28조 ◆
>
> 형사피의자 또는 형사피고인으로서 구금되었던 자가 법률이
> 정하는 불기소처분을 받거나 무죄판결을 받은 때에는 법률이
> 정하는 바에 의하여 국가에 정당한 보상을 청구할 수 있다

공수처와 검·경 수사권 조정에 대하여

자, 여기에서 형사 피의자 또는 형사 피고인이라고 되어 있는데, 피의자가 뭘까요? 피고인은요? 수사가 끝나고 기소를 하면 재판으로 가게 됩니다. 기소를 기준으로 전 단계는 수사, 다음 단계는 재판. 그러니까 기소를 기준으로 수사 단계에서 수사를 받는 사람을 피의자, 재판 단계에서 재판을 받는 사람을 피고인이라고 합니다.

잠깐 이 얘기를 하고 넘어가야 할 것 같아요. 기소를 할 수 있는 사람은 누구일까요? 우리나라에서는 검사만 기소를 할 수 있어요. 이걸 '기소독점주의'라고 합니다. 과거에는 검사가 검찰청에만 있었으니 사실상 검찰이 기소를 독점했지요. 그런데 고위공직자범죄수사처 즉 공수처가 설치된 이후에는 공수처 소

국민의 권리와 의무

155

속의 검사들도 일정한 범죄에 대해서는 기소를 할 수 있게 되어 적어도 검찰만이 기소를 한다는 것은 깨졌어요.

공소유지권도 검사가 갖고 있어요. 검사는 형사재판을 할 때 한쪽 당사자로서 형사재판을 진행할 권리가 있는데 이게 공소유지권입니다. 또 재판에서 결과가 나왔을 때(형이 확정되었을 때) 확정된 형의 집행 권한도 갖고 있죠. 수사권, 기소권, 공소유지권, 재판 결과 집행권, 이렇게 형사 절차에 대한 모든 권한을 검사가 갖고 있어요.

검찰이 가지고 있는 수사권의 폭을 조정하려는 시도가 총 3번 있었어요. 그중 2번은 경찰과 검찰이 가지고 있는 직접 수사권을 조정하려 한 것이었고, 다른 1번은 공수처를 설치하고 특정 범죄에 대한 수사에 있어서 공수처가 우선권을 가지게 하는 방식으로 검찰의 수사권을 조정하려 한 것이었어요. 1차 검경 수사권 조정은 2021년 1월 1일부터 시행되었는데, 검찰이 개시할 수 있는 수사 대상이 되는 범죄를 6대 범죄(부패, 경제, 공직자, 선거, 방위사업, 대형참사)로 한정한 것이었습니다. 이 이외의 범죄는 경찰이 1차로 수사를 진행하고, 검찰은 경찰로부터 넘겨 받은 후 보완수사만 진행할 수 있게 하였습니다. 2차 검경 수사권 조정은 2022년 9월부터 시행되었는데, 1차 검경 수사권 조정에도 불구하고 검찰이 여전히 1차 수사권을 유지하면서 많은 정치 개입 논란

주민의 헌법

을 일으켰기 때문에 추진되게 되었어요. 2차 검경 수사권 조정에서는 기존에 검찰이 1차 수사권을 가지고 있던 6대 범죄를 2대 범죄(부패, 경제범죄)로 다시 제한하는 것을 내용으로 합니다. 즉, "부패범죄, 경제범죄 등 대통령령으로 정하는 중요 범죄"로 1차 수사권을 가지는 범죄를 줄인 것이에요. 그런데 이후 윤석열 정부는 부패범죄, 경제범죄 "등"이라고 법률이 되어 있고, 여기서 "등"은 앞의 부패범죄, 경제범죄와 유사한 것은 다 수사할 수 있다는 의미라고 주장하면서 대통령령으로 1차 수사권을 가지고 있는 대상 범죄의 종류를 다시 늘려버렸어요. 이것은 6대 범죄를 다시 2대 범죄로 줄이려고 했던 입법자의 의도를 완전히 무시한 것인데 이를 두고 '시행령 통치'라고 많은 비판을 받게 됩니다. 저는 이 당시 국회 법사위 민주당 간사로 일을 하고 있었는데, 검찰의 1차 수사권 대상이 되는 범죄의 종류를 줄이려는 입법자의 의도를 보다 분명히 하기 위해 "등"을 "중"으로 고치자고 주장했고, 법사위에서 통과되어 올라간 개정안은 그렇게 만들어져 있었어요. 그런데 본회의에서 수정안이 통과되면서 다시 "중"이 "등"으로 바뀌고 말았어요. 저는 그 당시 지속적으로 "등"에 대해 반대했는데 말이죠. 당시 원내 지도부가 조금은 안이했던 면이 있지 않았나 하는 아쉬움이 여전히 있습니다.

　　공수처의 설치 역시 쉽지 않았습니다. 공수처 설치를

추진할 당시 민주당은 123석에 불과하여 단독으로는 입법을 할 수 없었습니다. 그래서 소위 4+1이라고 해서 다른 작은 4개의 정당과 함께 힘을 합쳐 만들 수밖에 없었어요. 그런데 4개의 다른 정당은 사실 공직선거법 개정을 원해서 공수처법 논의에 참여한 것이지 공수처 설치 자체에는 반대하는 입장을 가지고 있었어요. 그래서 협상 결과 만들어진 공수처법은 공수처를 매우 작고, 약하게 만드는 형태가 되었어요. 당시 협상 담당자였던 저로서는 매우 실망스러웠지만 의석수가 모자라기에 어쩔 수 없는 상황이었지요. 이렇게 만들어진 공수처법은 법사위의 벽을 넘기 위해 패스트트랙으로 지정되었고, 2019년 12월 30일 본회의를 통과했으며, 2021년 공수처가 출범하게 되었습니다. 참고로 공수처의 수사 대상은 다음 페이지의 표와 같고, 해당 범죄에 대해서는 다른 수사기관에 자신에게 사건을 보내라고 할 수 있는 권한이 있어요.

앞서 말한 검사의 네 가지 권한 중에 제일 무서운 것은 무엇일까요? 기소권이 제일 무섭다는 평가를 받습니다. 예를 들어서 제가 차로 일부러 누군가를 치어서 죽였다고 해보죠. 이것은 살인죄죠. 차를 도구로 사용했을 뿐 단순 교통사고가 아니잖아요. 그런데 검찰이 수사를 다 한 다음에 기소를 안 해

주민의 헌법

누구의	어떤 범죄
• 대통령, 국무총리, 국회의원, 장관 • 대법원장, 대법관, 헌법재판소장, 헌법재판관 • 검찰총장, 검사, 판사, 경무관 이상 경찰 • 국정원·감사원·청와대 등 주요 공직자 • 위와 같은 고위공직자의 배우자, 직계존비속(부모·자녀)도 포함됨	**(1) 부패 범죄** 뇌물죄 (뇌물수수, 공여, 제3자 뇌물제공 등) • 횡령 및 배임 (공무원의 직무 관련 범죄) • 직권남용 (공무원이 권한을 남용하여 타인에게 해를 끼치는 행위) • 알선수재 (공무원이 청탁을 받고 금품을 수수하는 행위) **(2) 직무 관련 범죄** 공무상 비밀누설죄 (직무상 알게 된 비밀을 유출) • 허위공문서 작성 및 행사 • 선거법 위반 (공직자가 선거 개입, 불법 선거운동을 한 경우) **(3) 판사, 검사, 경찰 관련 범죄** 판·검사의 불법행위 (재판 개입, 불법 수사, 인권 침해) • 경찰의 직권남용 (불법 체포·구금, 증거 조작) **(4) 1부터 3까지의 범죄와 관련된 범죄**

버리면 그냥 풀려나요. 기소를 해야 재판을 받는데 기소를 안 하면 재판을 할 수가 없잖아요. 죄를 범해서 수사를 했는데도 기소를 안 해버리면 끝입니다. 물론 다툴 수 있는 제도가 있어요. 항고를 한다든지 재정신청을 한다든지 하는 여러 가지 절차가 마련돼 있지만 사실 거의 실효성이 없거든요. 그래서 기소권이 어마어마한 거예요.

　　또 이럴 수도 있어요. 제가 일부러 차로 사람을 죽였는데도 검사가 기소할 때 제가 '실수로' 차를 몰아서 그런 거라고 기소하면 어떻게 될까요? 범죄가 10만큼인데 5만큼만 잡아서 기소

주민의 헌법

를 했을 때 재판에서 이를 다시 10으로 늘려서 판결할 수 있을까요? 없어요. 만약에 피의자가 검사의 대학교 동기라서 봐줘야 하는데 아예 불기소를 하기엔 부담스럽거나 할 때 10의 죄를 3, 4, 5만큼만 기소하는 거죠. 그런데 기소권을 검사만 갖고 있기 때문에 그거에 대해서 다투기가 어렵습니다. 기소권이 그만큼 무서운 거예요. 그러니까 검사들이 예전에 정권에 잘 보이고 싶을 때 정권 핵심 인물이나 관계자를 수사하면 아예 혐의가 없다고 불기소하거나 기소를 해도 혐의를 확 줄여서 기소하고 그랬었죠.

반대로 무리하게 기소하는 경우도 있습니다. 예를 들어서 정연주 KBS 사장의 경우 배임 혐의로 기소가 됐어요. 배임은 회사에 대해 신의를 저버리고 회사에 손해를 입힌 것을 말하는데, 핵심적인 범죄 내용이 뭐였는지 아십니까? KBS가 국세청 상대로 법인세 부과 취소 소송을 낸 적이 있었어요. 1심에서 KBS가 이겨서 2,448억을 환급받을 수 있다는 판결을 받았습니다. 그런데 항소심에서 판사가 그만 다투고 556억 원만 환급받으라고 권고를 했어요. KBS가 이 조정 권고를 받아들인 거예요. 그런데 이걸 두고 정연주 사장이 회사에 손해를 끼친 행위라고 보고 기소를 했습니다. 판사의 조정을 받아들인 게 죄라면 그 판사도 처벌되어야 할 것이고, 조정, 화해 등이 이루어진 수많은 사건의 당사자들이 모두 처벌되어야 할 것입니다. 정연주 사장을 해임하기 위해서 무리하게 기소를 한 거죠.

다음은 형사보상 청구에 대한 얘기입니다. 형사 피의자나 피고인이 구속되거나 체포되었는데 재판을 진행한 결과 무죄 판결을 받았다고 해보죠. 국가의 잘못으로 괜히 생사람 잡은 거잖아요. 이럴 때 국가가 보상을 해줘야 해요. 법에 따라서 대략 구금 일수 하루당 최저임금법에 따른 일급 최저임금의 5배 이내에서 결정하여 주는데, 보상액이 너무 적다는 이야기가 많습니다.

① 공무원의 직무상 불법행위로 손해를 받은 국민은 법률이 정하는 바에 의하여 국가 또는 공공단체에 정당한 배상을 청구할 수 있다. 이 경우 공무원 자신의 책임은 면제되지 아니한다.

② 군인·군무원·경찰공무원 기타 법률이 정하는 자가 전투·훈련등 직무집행과 관련하여 받은 손해에 대하여는 법률이 정하는 보상외에 국가 또는 공공단체에 공무원의 직무상 불법행위로 인한 배상은 청구할 수 없다.

국가행위에 대한 배상 청구 문제

공무원이 직무를 수행하는데 그 직무가 불법적으로 이뤄져서 국민이 손해를 입었다면 당연히 국가를 상대로 배상을 청구할 수 있습니다. 이와 관련된 법이 바로 '국가배상법'입니다. 단, 배상을 받을 때 제한이 있습니다. '법률에 따라서'라고 되어 있으니까 법을 살펴볼게요. 우선 공무원이 경과실로 국민에게 손해를 끼친 경우에 공무원 개인에게 손해배상청구를 할 수 없게 돼 있어요. 경과실이 뭔지 아세요? 가벼운 실수를 경과실, 무거운 실수를 중과실, 일부러 한 걸 고의라고 합니다. 경과실은 사람이 그런 실수도 할 수 있지 하고 이해가 되는 경우고, 중과실은 조금만 주의를 기울였으면 피할 수 있었을 텐데 어떻게 그런 실수를 할 수가 있는지 이해가 안 되는 경우를 말합니다. 왜 경과실에 대해서는 배상청구를 못 하게 했냐 하면, 공무원이 공무를 할 때 조금만 실수해도 매번 돈 내놓으라고 하면 공무집행을 하기가 어렵잖아요. 소송에 시달리느라 제대로 일할 수가 있겠어요? 그래서 경과실은 빼고 중과실 또는 고의일 경우에만 국가뿐 아니라 공무원 개인에게도 배상청구를 할 수 있어요.

　　2항이 사실은 문제가 많아요. 여기에서는 법률이 정한 보상만 하고, 보상을 받으면 배상을 청구할 수 없다고 되어 있어요. 보상을 받는 순간 국가나 공무원이 잘했냐 못했냐를 따지지 말라는 뜻입니다. 그러니까 보상 외에는 잘잘못을 따질 수도 없고 배상도 청구할 수 없어요. 이 조항이 만들어진 게 박정희 전 대통령 때예요. 어떤 계기로 만들어졌을까요? 베트남전쟁입니다. 베트남전쟁 때 전투가 많이 벌어졌고, 당연히 군인도 많이 목숨을 잃었죠. 나라에서 징집을 해서 전쟁터에 보냈는데 전투를 하다 죽었어요. 사망자의 가족들이 모두 국가에 배상해달라고 요구하게 되면 나랏돈이 많이 빠져나가잖아요. 그래서 '법률이 정하는 보상'만 받도록 한 거예요. 그 법률에서 푼돈을 주도록 정해둔 겁니다. 실제로 이 조항을 이용해서 베트남전쟁에서 희

생된 사람들에게 소액만 주는 관행이 이어져 왔어요. 그래서 이번에 문재인 대통령이 개헌안에서 이 조항을 삭제하려고 했습니다. 전쟁 때도 아니고 나랏돈이 아깝다고 나라를 위해 목숨을 바친 사람에게 푼돈을 주는 것은 용납하기 어렵다는 이유로 이 조항을 없애려고 한 거예요. 결국 개헌이 안 됐지만 말이죠.

　　이 조항에서 '배상'과 '보상'이라는 단어가 번갈아 나오는데 좀 헷갈리죠? 둘 사이에 어떤 차이가 있을까요? 일본군 위안부 피해자에게 일본이 10억 엔을 준 걸로 논란이 되었었는데, 그 10억 엔에 대해서 우리나라에서는 배상금이라고 하고 일본에서는 보상금이라고 했어요. '한 글자 차이인데 배상이면 어떻고 보상이면 어때.' 하고 생각할 수도 있지만, 엄청난 차이가 있습니다. 잘못했을 때 주는 게 배상, 잘못이 없을 때 주는 게 보상이거든요. 일본이 보상금이라고 주장하는 건 자기네 잘못을 인정 안 하는 거죠. 만약 일본 측에서 '배상금'이라고 했으면 상황이 달라졌을지도 몰라요. 피해자 할머니들이 사과의 의미로 받아들였을지도요. 그런데 일본은 끝까지 '보상금'이라고 고집했죠. 그래서 피해자 할머니들도 못 받겠다고 했던 거고요.

타인의 범죄행위로 인하여 생명·신체에 대한 피해를 받은 국민은 법률이 정하는 바에 의하여 국가로부터 구조를 받을 수 있다.

범죄 피해자는 생계비를 지원받을 수 있다

누구나 범죄를 당해서 피해를 입을 수 있잖아요. 그리고 그 피해로 인해서 생활 능력이 극심하게 훼손될 수 있죠. 이렇게 도저히 살기가 어렵다 할 때 국가에게 긴급하게 구조 요청을 할 수가 있어요. 그러면 국가가 유족구조금, 장해구조금 및 중상해구조금, 긴급구조금을 지급하거나 법률 상담 등의 법률 지원, 임대주택 등의 주거 지원도 해줍니다. 이것을 다룬 법이 바로 '범죄피해자 보호법'이에요. 그런데 이 제도가 있다는 것을 사람들이 몰라서 활용이 잘 안 된다는 평이 있고, 지원 규모가 작아서 크게 도움이 되지 않는다는 평도 있어요.

① 모든 국민은 능력에 따라 균등하게 교육을 받을 권리를 가진다.
② 모든 국민은 그 보호하는 자녀에게 적어도 초등교육과 법률이 정하는 교육을 받게 할 의무를 진다.
③ 의무교육은 무상으로 한다.
④ 교육의 자주성·전문성·정치적 중립성 및 대학의 자율성은 법률이 정하는 바에 의하여 보장된다.
⑤ 국가는 평생교육을 진흥하여야 한다.
⑥ 학교교육 및 평생교육을 포함한 교육제도와 그 운영, 교육재정 및 교원의 지위에 관한 기본적인 사항은 법률로 정한다.

고등학교가 의무교육에 포함되지 못한 까닭

31조 1항을 보세요. 모든 국민은 그냥 '균등하게' 교육을 받을 권리를 가진다고 돼 있지 않고 '능력에 따라'라는 제한 조건이 붙어 있어요. 그러니까 각자 시험을 보게 하고 시험에 통과한 사람만 대학에 가거나 하는 게 헌법상 허용되어 있는 겁니다. 만약에 모든 국민은 균등하게 교육을 받아야 한다고 되어 있다면 다 대학

가야 될 수도 있어요.

　　2항은 적어도 자녀에게 초등교육과 법률이 정하는 교육을 받게 하도록 정하고 있습니다. 현재까지는 의무교육이 중학교까지예요. 초등학교는 헌법에 의해서 자동적으로 의무교육이고, 그다음에 중학교는 법률에 의해서 의무교육에 포함되어 있습니다. 이 법률은 '교육기본법'이에요. 그렇다면 왜 고등학교는 의무교육에 포함시키지 않는 걸까요? 고등학교까지 의무교육이면 좋을 텐데 그렇게 하지 못하는 이유가 있어요. 바로 3항 때문입니다. 3항에 의무교육은 무상이라고 되어 있어서예요. 만약 2항의 의무교육에 고등학교까지 넣어버리면 3항에 의해 자동적으로 고등학교도 무상이 되잖아요. 무상은 나랏돈으로 교육을 시켜야 한다는 얘긴데, 그러면 재정상 너무 부담이 된다고 생각되어 왔거든요. 그래서 아직은 중학교까지만 의무교육으로 되어 있습니다. 참고로 2019학년도 2학기부터는 고등학교 3학년을 시작으로 2021년부터는 모든 고등학교에 대해 무상교육이 시행되고 있습니다. 의무교육은 여전히 아니지만요. 고등학교 무상교육에 사용되는 재원은 중앙정부 47.5%, 시·도 교육청 47.5%, 지방자치단체 5%로 나누어 부담해왔는데, 2024년 12월 31일부로 정부가 부담하는 것이 끝났어요. 그래서 이후 정부 부담 몫을 누가, 얼마나 부담하느냐의 논란이 있어왔는데, 아무래도 정부

주민의 헌법

가 부담하는 것이 보다 안정적이다 보니 정부가 조금 더 기간을 연장해서 부담을 해가자는 법안이 국회에서 통과되었어요. 그런데 이 법안을 최상목 대통령 권한대행이 거부권을 행사해버립니다. 그래서 현재는 정부 몫을 시도교육청 등에서 부담하게 되어 있어요.

4항에서는 교육의 자율성을 보장하고 있습니다. 그런데 사학재단이 이 조항을 오용해요. 사학재단이 사실 부실도 많고 비리도 많잖아요. 그러한 사학재단에 대해서 적절히 제재를 가하려고 하면 헌법의 이 조항을 언급하며 교육의 자율성을 보장한다면서 왜 제재하냐고 저항합니다. 그러나 여기서 말하는 자율성이란 범죄를 저지를 수 있는 자율성이 아닙니다. 교육의 자율성은 학문의 자유, 학문의 발달을 위한 것이기 때문에 그러한 주장을 받아들이기 어렵습니다.

5항의 평생교육 진흥을 위해서 요즘 국가가 평생교육 기관에 투자를 많이 하고 있습니다. 6항에서는 학교교육 및 평생교육을 포함한 기본적인 사항은 법률로 정한다고 되어 있는데, 교육법, 교육기본법 등 여러 가지 법률들을 의회에서 만들고 있어요.

① 모든 국민은 근로의 권리를 가진다. 국가는 사회적·경제적 방법으로 근로자의 고용의 증진과 적정임금의 보장에 노력하여야 하며, 법률이 정하는 바에 의하여 최저임금제를 시행하여야 한다.

② 모든 국민은 근로의 의무를 진다. 국가는 근로의 의무의 내용과 조건을 민주주의원칙에 따라 법률로 정한다.

③ 근로조건의 기준은 인간의 존엄성을 보장하도록 법률로 정한다.

④ 여자의 근로는 특별한 보호를 받으며, 고용·임금 및 근로조건에 있어서 부당한 차별을 받지 아니한다.

⑤ 연소자의 근로는 특별한 보호를 받는다.

⑥ 국가유공자·상이군경 및 전몰군경의 유가족은 법률이 정하는 바에 의하여 우선적으로 근로의 기회를 부여받는다.

대한민국은 노동자의 나라

32조하고 33조는 근로자의 지위나 권리, 근로자 권리의 한계를 정하고 있기 때문에 이 조항도 잘 봐둘 필요가 있습니다. 그런데 재밌는 게 있어요. 32조 1항에서 근로의 권리를 가진다고 되어 있는데, 근로가 무슨 뜻이죠? 일하는 게 근로일까요? 아니에요. 근로勤勞에서 근勤은 성실하고 근면하다는 뜻이고 노勞는 노동을 말합니다. 그러니까 근로를 해석하면 어떤 뜻이 돼요? 그냥 일한다가 아니라 열심히 일한다는 뜻이죠. 근로라는 단어를 가지고 한자 문화권의 다른 나라 사람에게 어떻게 해석하느냐고 물어보세요. 노동이나 일한다는 의미로 해석되느냐고 물어보면 다 아니라고 할 거예요.

왜 노동의 권리가 아니라 근로의 권리일까요? 그냥 노동의 권리나 일할 권리라고 하면 되지 왜 성실히 일할 권리라고 말할까요? 이상하지 않아요? 예를 들어서 사람의 권리를 보장해야 한다고 하면 되지 잘생긴 사람의 권리를 보장해야 한다고 하는 것처럼 이상한 거죠. 그래서 문재인 대통령의 개헌안에서 일할 권리라는 의미를 담아서 근로를 노동이라는 단어로 바꾸려고 했는데, 많은 사람들이 사회주의 헌법이라고 비난을 했어요. 특히 자유한국당에서요. 우리나라는 노동자가 대부분인 나라인데도 '노동'이라는 단어 하나에도 빨갱이라고 색깔을 덧씌우면서 이렇게 공격을 해댑니다.

통계청에서 가구소득원을 분석해봤어요. 뭘 해서 먹고 사는지 알아본 거죠. 근로소득, 즉 일해서 버는 돈이 얼마나 될 거 같아요? 2023년 기준으로 가구 소득 중 대략 64.5퍼센트를

차지한다고 해요. 굉장히 높죠. 건물 임대료나 배당소득, 은행 이
자 같은 소득은 얼마 되지 않는다는 거예요. 우리나라의 노동자
수는 2024년 8월 기준으로 대략 2,880만 명을 넘어서는데, 임금
을 받는 노동자가 2,200만 명 정도고 자영업자를 비롯한 비임금
노동자가 665만 명 정도 돼요. 자영업자도 자기가 자기를 고용한
거로 봐서 노동자에 포함됩니다. 아무튼 이 수치를 보면 우리나
라는 노동자의 나라예요. 절대 다수가 일을 해서 벌어먹고 살거
나 누군가 일을 해서 번 돈을 나눠 먹고 사는 나라입니다.

　　그런데 노동 현장의 현실은 어떻습니까? 노동자의 권
리인 파업을 하는 방법, 파업할 때 협상하는 방법을 학교에서 교
육받은 사람 있습니까? 파업 시 협상하는 방법이나 배포하는 유
인물을 만드는 방법 등에 관해 학교에서 배운 사람 있습니까? 독
일의 경우 중학생만 돼도 이걸 가르쳐줍니다. 왜일까요? 독일도
노동자의 나라니까요. 노동자의 나라에서 노동자의 권리가 무엇
인지, 어떻게 권리를 행사하는지를 안 가르친다면 결국 누구한테
유리할까요? 노동자에게 유리하진 않겠죠.

　　그 정도로 우리나라가 노동자의 권리를 천시하고 심
지어는 적대시해요. 노동자의 나라임에도 불구하고요. 그래서
근로를 노동으로 바꾸자는 말만 해도 빨갱이라고 하면서 펄펄 뜁
니다. 답답해요. 우리 사고가 이렇게 편협하고 한쪽으로 기울어

져 있습니다. 우리 스스로도 인식하지 못하는 사이에 그렇게 돼버렸어요. 스웨덴처럼 잘사는 국가들 보면 중도적인 정당이 사민당(사회민주당)이에요. 사민당은 중도보다 약간 오른쪽에 있는 당으로 받아들여지는데, 사민당이 하는 정책을 우리나라에서 말하면 돌 맞지 않을까요. 빨갱이라고요. 그 정도로 한쪽으로 치우쳐 있으니까 다양한 정책을 논의조차 못 합니다. 이런 문제가 해소되면 국민들의 상상력과 정책 선택의 폭도 넓어질 수 있지 않을까 하는 생각이 듭니다. 남북 관계가 좋아지면 경제가 좋아지고 평화로워지기도 하겠지만, 우리 마음속과 머릿속에 존재하는 철책 또는 분단선이 사라져서 정책을 논할 때 보다 폭넓게 논의할 수 있지 않을까 하는 기대도 있습니다.

1항을 보면 최저임금제 얘기도 있어요. 헌법에서 최저임금제를 다루고 있다는 사실 처음 아셨죠? 가끔 경제 논객이나 일부 국회의원들이 최저임금제 하는 나라가 전 세계에 얼마 없는데 왜 우리나라에서 이 제도를 하는지 모르겠다고 주장하잖아요? 정치인이 헌법도 안 읽고 그런 말 하면 안 되죠. 최저임금제, 헌법에서 하라고 해서 헌법대로 하는 겁니다.

2항에서는 국민이 근로의 의무를 진다고 하고 있어요.

노동은 권리이기도 하지만 의무이기도 합니다. 양면적이에요. 그다음에 말하는 게 '근로기준법'이에요. 근로의 최소 기준을 민주주의 원칙에 따라 정한다는 겁니다. 근데 지금까지와는 조금 다른 점이 있네요. 보통은 '법률에 따라서'라고만 되어 있는데 여기서는 '민주주의 원칙에 따라서'란 말이 추가되어 있습니다. 왜 그랬을까요? 민주주의 원칙에 따르라는 건 사용자와 노동자를 동등하게 대하라는 거예요. 경제 영역에서 노동자는 사용자에 비해서 약자가 될 수밖에 없잖아요. 그래서 민주주의 원칙을 얘기한 겁니다.

경제 영역에서 보면 주식 1주당 1표입니다. A라는 사람이 어떤 회사 주식을 30만 주 갖고 있고, B라는 사람은 1주 갖고 있다고 해보죠. 의결할 때 A는 30만 표를 행사하지만 B는 한 표를 행사하잖아요. 전혀 동등하지 않죠. 하지만 민주주의에서는 다릅니다. 무조건 1인 1표입니다. 그래서 예로부터 부자들이 민주주의를 두려워하고 혐오해왔습니다. 아리스토텔레스도 민주주의를 혐오한 사람인데, 민주주의는 가난한 사람들을 위한 정치체제라고 말했어요. 왜냐하면 부자에 비해 가난한 사람들이 훨씬 더 많잖아요. 돈이 많든 적든, 강자든 약자든 동등한 게 민주주의 원칙입니다. 그러니까 이 민주주의 원칙에 따라서 사용자와 노동자를 동등하게 대해서 법률을 만들고 근로의 조건과 내

주민의 헌법

용을 정하라는 얘기예요.

　　그다음 3항에서 근로조건은 인간의 존엄성을 보장하도록 법률로 정한다고 할 때의 법률도 근로기준법이에요. 4항 여자의 근로는 특별한 보호를 받으며, 고용·임금 및 근로조건에 있어서 부당한 차별을 받지 아니한다는 거예요. 왜 여성의 노동을 특별히 보호하느냐 하는 문제는 11조에서 '같은 것은 같게, 다른 것은 다르게'라는 평등의 원칙을 설명하면서 얘기했습니다. 여성의 노동을 보장하는 남녀평등에 대한 형식적 논리를 헌법적으로 풀어낸 것이에요.

　　연소자의 근로는 특별한 보호를 받는다는 조항에 따라서 근로기준법에서는 일정한 나이를 정하고 있어요. 또 어린 사람이 노동을 하려고 할 때에는 부모의 동의를 받도록 되어 있습니다. 연소자를 보호하기 위해서죠. 그다음으로, 국가유공자, 상이군경, 전몰군경의 유가족은 법률이 정하는 바에 따라 우선적으로 근로 기회를 부여받도록 규정되어 있습니다. 이에 따라 각종 법률이 제정되었으며, 이들을 우선적으로 지원하는 정책이 시행되고 있습니다.

① 근로자는 근로조건의 향상을 위하여 자주적인 단결권·단체
교섭권 및 단체행동권을 가진다.
② 공무원인 근로자는 법률이 정하는 자에 한하여 단결권·단
체교섭권 및 단체행동권을 가진다.
③ 법률이 정하는 주요방위산업체에 종사하는 근로자의 단체
행동권은 법률이 정하는 바에 의하여 이를 제한하거나 인정
하지 아니할 수 있다.

공무원도 파업할 수 있을까

1항에 있는 자주적인 단결권, 단체교섭권, 단체행동권, 이게 '노
동삼권'입니다. 뭉치고, 교섭하고, 교섭이 잘 안 되면 단체행동,
즉 파업이나 피케팅을 할 수 있게끔 헌법이 보장하고 있습니다.

그렇다면 공무원도 똑같이 할 수 있을까요? 2항에서
는 그 얘기를 하고 있는데, 공무원에게 노동삼권을 다 보장해주
는 건 아니고 법률에 의해 제한을 둘 수 있습니다. 우리나라는 공
무원의 경우 노동삼권 중에 단체행동권이 제한되는 경우가 많아
요. 교섭도 할 수 있고 노조도 만들 수 있는데 파업은 하지 말라

는 겁니다. 교원의 경우도 노조를 만들 수 있죠. 협상도 가능해요. 단, 단체행동은 안 된다고 되어 있습니다. 그래서 외국의 인권기구나 노동기구에서 우리나라처럼 하는 나라가 없다고 단체행동권도 인정하라고 하고 있죠. 대표적인 것이 국제노동기구인데, 우리나라는 공무원의 단체행동권 보장이 어렵다는 이유로 국제노동기구와 체결하는 국제협약 가운데 공무원 단체행동권을 보장하는 내용이 포함되어 있는 제151호의 비준을 유보하고 있습니다. 이에 문재인 정부는 이 유보를 철회함으로써 국내에 효력이 발생되도록 하려 하였으나 결국 하지 못하고 말았습니다.

3항을 보면, 주요 방위산업체에 종사하는 근로자의 단체행동권은 아예 행사할 수 없다고 헌법에 못을 박아놓습니다. 예를 들어서 무기를 만드는 회사 혹은 항공사 등에서 종사하는 사람들은 공무원이 아니고 민간인인데도 3항에 의해서 파업권이 제한되어 있습니다. 이건 전쟁을 대비한 거예요. 이 조항도 논란이 있죠. 전쟁 날 가능성이 낮은데도 파업권 제한이 너무 폭넓다는 의견이 많은 상황이에요. 이것도 조정이 필요합니다.

① 모든 국민은 인간다운 생활을 할 권리를 가진다.

② 국가는 사회보장·사회복지의 증진에 노력할 의무를 진다.

③ 국가는 여자의 복지와 권익의 향상을 위하여 노력하여야 한다.

④ 국가는 노인과 청소년의 복지향상을 위한 정책을 실시할 의무를 진다.

⑤ 신체장애자 및 질병·노령 기타의 사유로 생활능력이 없는 국민은 법률이 정하는 바에 의하여 국가의 보호를 받는다.

⑥ 국가는 재해를 예방하고 그 위험으로부터 국민을 보호하기 위하여 노력하여야 한다.

복지는 국가의 의무

1항에서는 인간다운 생활을 할 권리에 대해서 얘기하고 있어요. 1항은 복지와 관련된 대표적인 조항이에요. 단순히 숨만 쉬며 살아 있는 게 아니라 인간이라고 불릴 만한 기본적인 생활을 누릴 권리를 가진다는 것이잖아요. 이 권리를 보장하기 위해서 2항에서 말하고 있듯이 국가는 사회보장이나 복지를 증진할 의무가 있습니다. 근데 여기서 그냥 증진해야 할 의무가 있다고 하면 좋았을 것을 증진에 노력할 의무가 있다고 했어요. 그러니까 노력만 하면 된다는 얘기처럼 돼버리죠. 약간 아쉬운 부분입니다.

3항과 4항에서는 여자와 노인, 청소년 등의 복지에 대해서 얘기하고 있습니다. 이 조항과 관련해서는 청소년 복지 향상을 위한 청소년기본법, 청소년복지지원법 등 여러 개 법이 제정된 상태이고, 노인을 위해서는 기초노령연금 지급 등의 정책을 집행하고 있죠. 5항에서 말하는 바에 따라 장애인 같은 경우 각종 수당과 연금을 주고 있습니다. 이게 다 헌법에 규정되어 있기 때문에 부족하지만 하는 중입니다.

5항에서는 여러 가지 이유로 생활 능력이 없는 국민들을 국가가 보호하라고 하고 있어요. 이를 위해 만들어진 법 중 가장 대표적인 것이 바로 '국민기초생활보장법'입니다. 최저한을 보장하는 것이기에 이 제도만으로 과연 인간다운 생활을 할 수 있는가 하는 문제 제기가 지속적으로 이뤄지고 있습니다. 국민의 인간다운 삶을 위해서는 앞으로도 많은 노력이 필요할 것으로 보입니다.

6항은 재해로부터 국민을 보호할 의무를 국가가 진다고 하고 있어요. 재해로부터 공동체 구성원들의 생명과 재산을 지키는 것은 국가의 존재 이유 중 가장 오래된 것 가운데 하나로, 원래 지방직이었던 소방관의 국가직 전환 등도 이런 일을 제대로 하기 위한 노력의 일환입니다. 예전에는 소방관이 지방공무원이다 보니 속해 있는 지자체의 경제 사정에 따라서는 소방관의 수나 장비도 천차만별이어서 경우에 따라서는 국민이 위험에 그대로 노출되고 있어요. 그래서 2020년 4월 5만 4,000여 명의 소방관을 국가직화하였고 안전을 위해 전보다는 많은 투자를 진행하고 있습니다.

◆ 제35조 ◆

① 모든 국민은 건강하고 쾌적한 환경에서 생활할 권리를 가지며, 국가와 국민은 환경보전을 위하여 노력하여야 한다.
② 환경권의 내용과 행사에 관하여는 법률로 정한다.
③ 국가는 주택개발정책등을 통하여 모든 국민이 쾌적한 주거생활을 할 수 있도록 노력하여야 한다.

햇빛을 즐길 권리도 필요하다

1항에서는 건강하고 쾌적한 환경에서 생활할 권리에 대해 다루고 있어요. 최근 기후 위기가 가장 심각한 지구의 위기 중 하나로 여겨지고 있는데 단순히 쾌적한 환경에서 살 수 없다는 정도를 넘어서 인류의 생존을 위협하는 위기로 인식되고 있습니다. 우리나라도 '기후 위기 대응을 위한 탄소중립·녹색성장 기본법(탄소중립기본법)' 이 있어서 이런 기후 위기를 예방하기 위해 국가적 차원에서 탄소배출량의 저감 목표를 정하고 있고, 그 목표를 달성하기 위한 국가의 역할 등을 정해두고 있어요. 탄소중립기본법 제8조 제1항은 국가가 온실가스 배출량을 2030년까지 2018년 대비 35% 이상의 범위에서 대통령령으로 정하는 비율만큼 감축하도록 규정하고 있고, 탄소중립기본법 시행령 제3조 제1항은 감축 비율을 40%로 규정하고 있습니다. 그런데 헌법재판소는 이 법이 위헌성이 있다고 보았어요. 우선 2031년부터 2049년까지의 탄소 감축 목표를 규정하지 않아 미래세대의 환경권을 침해했다고 보았고, 2050년의 목표를 달성하기 위한 실효적인 장치가 규정되어 있지 않아서 기후 위기라는 위험 상황에 대응하는 보호장치로서의 성격을 갖추지 못하였다고 보았습니다. 이제 국회는 헌법재판소의 위 결정에 따라 2031년부터 2049년까지의 탄소 감축 목표를 좀 더 구체적으로 정해서 법에 넣어야 하고, 2050년의 목표를 달성하기 위한 실효적인 장치를 마련해야 하는 상황이 되었습니다. 기후 위기가 가진 위험성이 워낙 크기에 조금이라도 빨리 이런 입법조치가 이뤄져야 하기에 국회에서는 여야 구분 없이 적극적으로 대화에 나서야 할 것입니다.

또 이 조항은 국가와 국민은 환경 보전을 위해 노력해야 한다고도 되어 있죠. 국립공원을 만들고 국립공원을 유지하기 위해서 세금을 쓰고 하는 것도 이 조항과 연결돼요. 각종 환경오염을 예방하거나 환경오염이 발생했을 때 국가가 돈을 들여 치우고 하는 것도요.

　2항은 환경권의 내용과 행사에 대해서는 법률로 정한

다고 하고 있어요. 그래서 환경영향평가법 같은 걸 만들어서 대규모 개발 사업이 자연 환경에 미치는 영향을 조사하고 평가해서 환경 파괴를 막도록 하고 있습니다. 일조권 같은 경우도 환경권을 보장해주기 위해 건축법에 들어가 있는 내용이에요. 일조권은 햇빛을 누릴 수 있는 권리를 말하죠. 그러니까 어떤 건물이 다른 건물의 햇빛을 향유할 수 있는 권리를 방해하면 안 된다는 겁니다.

3항은 쾌적한 주거 생활을 위한 주택 개발 정책 등을 얘기하고 있는데, 대표적인 것이 SH공사나 LH공사를 통해 주택을 공급하고 재개발을 촉진하고 택지를 제공하는 거예요.

① 혼인과 가족생활은 개인의 존엄과 양성의 평등을 기초로 성
　립되고 유지되어야 하며, 국가는 이를 보장한다.
② 국가는 모성의 보호를 위하여 노력하여야 한다.
③ 모든 국민은 보건에 관하여 국가의 보호를 받는다.

가족 사이에도 존엄과 평등이 보장된다

1항에서는 혼인과 가족에 관해 다루고 있어요. 그러니까 가족은
개인의 존엄과 성평등을 바탕으로 만들어지고 유지된다고 말하
고 있습니다. 굉장히 좋은 얘기죠. 부부 사이에 일방의 순종이나
희생을 요구해서는 안됩니다. 부모와 자식 사이에도 마찬가지입
니다. 자녀가 어리다고 해서 부모가 무시하면 안 되죠. 헌법에서
뭐라고 했어요? 존엄과 평등이 필요하다고 했잖아요. 이 조항에
근거해서 아동폭력방지법이나 가정폭력방지법 같은 법률이 만
들어집니다.

　　　모성보호를 위해서 노력해야 한다고도 했어요. 그래
서 국가에서 육아 등을 돕기 위한 여러 조치를 하고 있어요. 대표

적인 것이 바로 누리과정에 대한 지원, 아동수당 지급 등이죠.

보건과 관련해서는 보건소, 국립중앙의료원 등을 두어서 질병 치료를 위해 노력하고, 전염병 유행을 막기 위해 방역에도 힘을 쓰고 있습니다.

제 37조

① 국민의 자유와 권리는 헌법에 열거되지 아니한 이유로 경시
되지 아니한다.
② 국민의 모든 자유와 권리는 국가안전보장·질서유지 또는
공공복리를 위하여 필요한 경우에 한하여 법률로써 제한할
수 있으며, 제한하는 경우에도 자유와 권리의 본질적인 내
용을 침해할 수 없다.

기본권의 본질적인 부분은 절대 침해할 수 없다

앞서 10조 설명할 때 10조가 기본권의 어머니 조항이라 불린다
고 했죠. 그리고 아버지 조항이 바로 37조예요. 일단 1항은 어머
니 조항인 10조랑 연결이 돼요. 국민의 자유와 권리가 헌법에 열
거되지 않은 이유로 경시되지 않는다는 얘기는 앞서 10조에서
행복을 추구할 권리에 포함되거나 인간의 존엄과 가치에 포함되
면 다 기본권이라고 했던 것과 연결이 되고요. 2항에서는 이 기
본권 제한에 대해 얘기합니다. 그러니까 기본권이 제한될 수 있
음을 밝히고 동시에 제한의 한계는 어디까지라고 명시해놨습니

주민의 헌법

다. 37조 2항은 굉장히 중요한 조항이니까 잘 기억해두시기 바랍니다.

첫 번째, 국민의 기본권을 제한할 수 있는 사유는 뭐죠? 어떨 때 제한할 수 있다고 했나요? 국가 안전보장, 질서유지, 공공복리가 제한 사유예요. 그렇다면 안전보장이나 질서유지, 공공복리랑 관련되어 있지 않은데도 국민의 기본권을 제한할 수 있을까요? 없습니다. 이 사유가 아니면 기본권 제한은 불가능합니다. 두 번째, 제한할 때 수단은 뭔가요? '법률로써'라고 되어 있습니다. 그러니까 국회에서 정한 법률에 의해서만 제한할 수 있어요. 그럼 대통령의 명령으로 제한할 수 있나요? 없어요. 오직 법률로만 제한할 수 있습니다. 물론 법률에서 대통령령 등에 위임하거나 대통령이 그런 명령을 발휘할 수 있다고 쓰여 있으면 가능하겠죠. 대통령이 할 수 있는, 법률과 같은 효력을 가진 명령도 있긴 해요. 긴급명령 등이 헌법에 명시돼 있기도 하고요. 이런 몇 가지 예외를 제외하고는 근거되는 법률이 있어야만 기본권 제한이 됩니다.

정리해보죠. 기본권을 제한할 때는 두 가지 조건이 충족돼야 해요. 안전보장, 질서유지, 공공복리라는 제한 사유에 해당해야 하고, 법률에 의해서만 해야 합니다. 예를 들어서 집회나 시위가 있을 때 제한을 하려면 어떻게 해야 할까요? 우선 안전보장, 질서유지, 공공복리를 위해 제한할 필요가 있어야 하고, 집회 및 시위에 관한 법률, 즉 집시법이라는 법률에 의해서 해야 합니다. 집시법에서 정하고 있는 방법과 절차에 따라서만 제한할 수 있어요.

그러면 어느 정도까지 제한할 수 있을까요? 3항에 자유와 권리의 본질적인 내용을 침해할 수 없다고 되어 있습니다. 예를 들어서 조폭 조직원이 잡혔다고 해보죠. 이 조직이 엄청 크고 흉포한 범죄를 많이 저질렀다고 의심이 돼요. 그러면 이 조직원을 마냥 자유롭게 해주는 게 아니라 제한을 두고 좀 더 압박을 가하면서 수사를 하고 싶겠죠. 안전보장이나 질서유지 차원에서 말이에요. 일단 기본권 제한 사유는 어느 정도 충족되는 걸로 보입니다. 그다음은 법률에 의해서 제한을 해야 하잖아요. 이때 형사소송법에 따라 해야 된다는 겁니다. 이 법에서 정한 절차나 내용에 어긋나게 제한할 수 없어요. 그런데 형사소송법을 보면 수사참여권을 배제하는 등 여러 가지 제한 방법이 있습니다. 수사참여권이 뭐냐 하면 피고인이 수사를 받을 때 변호인이 참여할 수 있도록 한 거예요. 그런데 이 참여권을 제한할 수 있는 사유들이 쭉 나와 있어요. 이 방법으로 조폭 조직원의 권리를 어느 정도 제한할 수 있겠죠. 그런데 이 조폭 조직원이 변호인과 만나는 접

주민의 헌법

견권은 제한할 수 없어요. 이미 말씀드린 것처럼 구속을 당했을 때 변호인의 조력을 받을 권리가 있습니다. 변호인의 조력을 받을 권리에는 변호인을 접견하고 자문을 받고 재판정에서 도움을 받는 등의 권리가 있는데, 이 중에 접견권이 핵심적이고 본질적인 부분이라고 보기 때문이에요. 그래서 접견권 제한은 안 돼요.

기본권 제한을 위해 만든 집시법, 형사소송법, 경찰관 직무집행법 등의 법률을 보면 안전보장, 질서유지, 공공복리를 위해서 기본권을 제한할 수 있는 조항들이 들어가 있어요. 그런데도 본질적인 부분은 침해하지 못하도록 되어 있습니다. 집시법을 예로 들어보면, 집회나 시위는 국민의 기본권이므로 당연히 보장돼야 하지만 질서유지 등에 문제가 생길 수 있으니까 이걸 제한하려고 만든 게 집시법이에요. 그런데 본질적인 부분은 침해할 수 없기 때문에 집회에 대해 사전 허가는 금지되어 있습니다. 하고 말고를 허락해줄 권한이 국가에 없는 거죠. 따라서 허가제가 아니라 신고제로 되어 있어요. 원칙적으로는 신고를 하면 집회를 할 수 있습니다.

박근혜 정부 때 테러방지법 때문에 한동안 시끄러웠었죠? 이 법도 테러 용의자들의 기본권을 제한할 때 법률로써 하기 위해서 만든 거예요. 그런데 일부 내용이 너무 과도하게 기본권을 침해하는 바람에 기본권의 본질적인 부분을 손상시킬 수 있다고 해서 당시 야당인 더불어민주당 등은 반대를 했습니다. 당시 여당인 새누리당은 그런 거 아니고 오히려 안전보장을 위해서 더 필요한 법이라고 주장한 거고요. 이런 식으로 어떤 법을 통과시킬 때도 이런 구조로 자주 논쟁이 붙곤 합니다.

모든 국민은 법률이 정하는 바에 의하여 납세의 의무를 진다.

지방자치단체는 세금을 걷을 수 없다

법률에 의해 납세의 의무를 진다는 이 조항에 대해서 문재인 대통령이 지난번에 개헌안을 내서 바꾸려고 했습니다. 어떻게 바꾸려고 했을까요? 세금을 걷을 때 법률에 의해 하는 걸 '조세법률주의'라고 합니다. 법률이 없으면 세금도 걷을 수 없는 거죠. 의회에서 만드는 규칙을 법률이라고 하고 지방의회에서 만든 규칙을 조례라고 하는데, 조세법률주의에 따르면 법률을 만들 수 없는 지방자치단체에서는 자신들의 필요에 따라 세금을 걷을 수가 없습니다. 법률이 아니라 조례로는 세금을 못 걷게 돼 있거든요. 지방분권을 강화하려면 지방자치단체에 여러 권한을 줘야 하는데, 그중 하나가 재정에 대한 권한입니다. 하지만 재정에 대한 권한을 주고 싶어도 법률에 의해서만 세금을 거둘 수 있다 보니 지방자치단체에서는 독자적으로 세금을 정해서 걷을 수 없겠죠.

그러면 어떻게 됩니까? 국회가 정한 법률에 따라서 세금을 걷거나 중앙정부가 거둔 세금을 나눠주는 것에 의존할 수밖에 없잖아요. 그래서 '법률과 조례가 정하는 바에 따라'라고 바꾸려고 했습니다. 개헌을 하지 못했기 때문에 지금도 여전히 지방자치단체는 독자적으로 정한 세금을 못 걷고 국회에서 만든 법률에 따라 세금을 걷거나 중앙정부가 거둔 뒤에 나눠주는 방식으로 운영되고 있습니다.

　　　법률에 따라서 세금을 거둔다는 것은 또 어떤 의미가 있을까요? 예전에는 왕 마음대로 세금을 거뒀잖아요. 왕이 갑자기 돈이 필요해지면 세금을 걷다 보니 이상한 세금들이 많았어요. 그래서 유럽 시민혁명(영국의 명예혁명과 권리장전 등) 때 왕의 마음대로 세금을 걷지 말고 적어도 국민의 대표자인 의회에서 동의한 것에만 세금을 거두라고 요구했었죠. 법률에 의해 세금을 걷으라고 돼 있는 게 바로 이 얘기입니다. 미국의 독립전쟁도 가혹한 세금 때문에 시작됐어요. 영국이 종이, 유리, 차 등에까지 무거운 관세를 물리니까 미국이 독립하려고 한 거잖아요.

① 모든 국민은 법률이 정하는 바에 의하여 국방의 의무를 진다.
② 누구든지 병역의무의 이행으로 인하여 불이익한 처우를 받지 아니한다.

여자는 국방의 의무를 이행하지 않는다?

이제 권리와 의무에 대한 마지막 내용입니다. 제2장이 국민의 권리와 의무에 관한 장인데, 이 장 전체를 봤을 때 의무가 몇 개였어요? 네 개입니다. 교육, 납세, 근로, 국방. 이것이 4대 의무입니다. 국민의 4대 의무는 중·고등학교 때 많이 봤었죠. 4대 의무 가운데 의무이자 권리인 것은 뭐였죠? 근로, 즉 노동이 그래요. 32조 1항에서는 근로의 권리를 가진다고 되어 있고 2항에서는 의무를 진다고 되어 있어요. 특수하죠. 또 하나가 교육이에요. 교육의 권리를 가지는 한편 부모는 자녀를 교육할 의무를 집니다. 의무교육이라고 할 때 내가 초등학교와 중학교를 다녀야 한다는 의무를 말하는 걸까요? 아니면 제 아이를 초등학교와 중학교에 보내야 한다는 의무를 말할까요? 부모의 의무를 말하는 겁니다. 아이들 입장에서 보면 31조 1항에 따라 교육은 의무가 아니라 권리예요.

본론으로 돌아와서 국방의 의무에 대해 얘기해보죠. 이 국방의 의무 때문에 말이 많아요. 방탄소년단이 군대를 가야 하느냐 말아야 하느냐를 놓고 논쟁이 벌어지곤 하죠. 양심적병역거부에 대한 대체복무제 문제도 있고, 여자도 군대에 가야 하는지에 대한 논쟁도 있고요.

그럼 여자도 군대에 가야 하는지 하는 문제에 대해 얘기해보죠. 일단 헌법은 위에서 보는 바와 같이 모든 국민은 법률이 정하는 바에 의해서 국방의 의무를 진다고 되어 있습니다. 그러니까 국방의 의무는 남녀 모두 지는 거예요. 그런데 국방의 의무 중에 병력 형성의 의무는 남자만 집니다. 병역법에 그렇게 정해져 있어요. '법률이 정하는 바에 의하여'라고 해서 병역법을 살펴보니까 군대는 남자만 가라고 되어 있는 거예요. 헌법에서는 남자만 가라고 하지 않습니다.

그러면 국방이라는 개념에 뭐가 포함되어 있을까요? 방금 말씀 드렸던 병력 형성(징집되어 군대 가는 것), 이것만 국방일까요? 현대에서는 총력전이라고 해서 무기를 만들고 나르는 것, 평상시에 무기를 만들기 위해 세금을 내는 것, 방역 등도 국방에 들어갑니다. 그래서 병력 형성의 의무가 국방의 의무에서 중요한 내용이긴 하지만 전부는 아닙니다. 개념상 병력 형성의 의무보다 국방의 의무가 더 큰 개념이에요. 전쟁이 나면 여자들은 어떻게 될까요? 여자들도 무기 만들고 그런 일에 소집됩니다. 징집은 남자만 되지만, 여자도 국방의 의무에 종사하도록 법에 정해져 있어요. 그러니까 여성이 국방의 의무를 안 진다는 건 틀린 말입니다. 제가 여성도 국방의 의무를 진다고 인터뷰를 했더니 수많은 남성들이 저를 욕하더라고요. 이런 법률상 내용을 잘 모르기 때문에 그러는 거예요. 정리해보면 정확한 표현은 국방의 의무 중 병력 형성의 의무는 남성만 지고, 여성은 병력 형성의 의무를 안 진다가 될 것입니다.

최근에 왜 남자만 병력 형성의 의무를 져야 하는지에 대해 논쟁이 심해지고 있어요. 군대 갔다 온 남성들이 취업이 안 돼서 그 원인을 찾아보니 남자들이 군대 가 있는 동안 여자들이 토플, 토익 점수 따고 취업 준비를 하더라는 겁니다. 남자는 그 중요한 시기를 군대에서 보낸다는 거죠. 그래서 여자도 군대에 가야 하는 거 아니냐고 말을 합니다. 여자도 군대를 가야 하느냐는 질문에 대한 제 대답은 이거예요. 내가 힘들다고 해서 왜 다른 사람도 같이 힘들어야 하나요? 그 사람도 안 힘들고 나도 안 힘들 수 있는 방법을 찾는 게 더 바람직한 거 아닌가요? 예를 들어 모병제를 도입하자고 할 수도 있고, 원하는 사람만 군대를 가되 군대 갔다 온 사람들에게 좋은 대우를 해주는 방법을 찾을 수도 있지 않을까요?

최근에는 모병제가 점점 더 현실적으로 다가오고 있어요. 현대에는 기술군 중심으로 전쟁이 치러지고 군대에서 복잡한 무기 시스템을 다뤄야 할 일이 늘어나고 있습니다. 몇 개월 만에 이런 복잡한 무기들을 잘 다룰 수는 없죠. 한편 군대 복무 기간은 점점 더 단축되고 있잖아요. 외국의 경우를 봐도 첨단 무기 도입이 늘어날수록 모병제로 가고 있습니다. 안정적으로 장기간 군 생활 하면서 무기를 능숙하게 다룰 수 있는 사람이 있어야 전쟁에서 이긴다는 거예요. 우리나라도 장기적으로는 이런 식으로 군대를 재편하려고 하고 있습니다.

지금은 병력 수로 전쟁을 하는 시대가 아닙니다. 실제로 우리나라는 병력이 많아서 피복비, 식비, 월급 등 병력 유지 비용이 너무 많이 들어요. 그 비용 때문에 무기 체계를 현대화할 돈이 부족합니다. 중국도 병력을 대폭 줄이고 있어요. 그 돈을 전략 폭격기, 탄도미사일 만들고 사는 데 쓰고 있습니다. 우리나라도 병력 수를 지속적으로 줄이면서 무기를 현대화하자는 이야기를 예전부터 해왔습니다. 그러니까 여자도 군대를 가야 한다고만 하지 말고 함께 노력해서 모병제로 가는 방법, 군대를 가더라도 장교나 하사관 위주로 하고 병사는 복무 기간을 단축시키는 방법 등을 함께 도모하는 게 더 발전적이지 않을까요? 이렇게 서로가 좋을 수 있는 플러스적인 해결 방법이 있음에도 내가 힘드니까 너도 힘들어야 한다는 식의 제로섬적인 해결 방법에 매달릴 필요가 있을까요?

2항에는 병역의무의 이행으로 불이익을 받지 않는다고 되어 있어요. 군대에 복무하느라고 불이익을 많이 봤는데 헌법에 어긋나는 것 아니냐고 하는 사람이 있을지 모르지만, 그 얘기가 아니에요. 헌법에서는 병역의무 자체를 불이익이라고 보지 않습니다. 이 조항에서 하고 싶은 얘기는 병역의무를 이행한 것 때문에 부수적이고 추가적인 불이익을 받으면 안 된다는 거예요. 예를 들어서 "군대를 2년 갔다 왔다니 나쁜 놈이네!" 하는 식의 차별을 인정하지 않는다는 겁니다.

군대 갔다 온 사람에게 공무원 시험에서 가산점을 주는 군가산점제 기억하세요? 이 군가산점제에 대해서 군 복무 기간 동안 불이익을 봤으니 가산점으로 보상해줘야 한다고 주장하는 사람들이 있어요. 그런데 앞에서 뭐라고 했나요? 헌법에서는 군복무를 불이익으로 보지 않는다고 했죠? 그러니까 군가산점제가 헌법적 근거가 있다는 건 틀린 말이에요. 군가산점제는 헌

주민의 헌법

법재판소에서 위헌 판결을 받고 사라졌어요. 위헌 판결을 받아낸 당사자는 남자였는데, 왜 군가산점제가 위헌이라고 생각했을까요? 이 사람은 장애인이었습니다. 군대를 갈 수가 없었어요. 군대를 갔다 온 사람에게 가산점을 주니까 '어쩔 수 없이 군대를 못 간 나는 뭐냐!'라면서 소송을 제기했습니다. 많은 사람들이 여성이 소송을 제기해서 이 제도가 사라진 걸로 오해하고 있는데 아닙니다.

그렇다면 헌법재판소에서는 왜 이 제도를 위헌이라고 판단했을까요? 군가산점제에 의하면 군대를 갔다 온 남자는 무조건 3~5점을 받는 반면, 다른 사람들은 아무리 노력해도 3~5점을 적게 받습니다. 헌재는 이 점이 평등을 침해한다고 봤어요. 그러면서 국가는 군가산점제로 젊은이들의 어려움을 해소하려고 해서는 안 된다고 했어요. 여자나 장애인은 차별을 받게 되니까요. 그렇게 하지 말고 재정(쉽게 이야기해서 돈)을 투입하라고 판결문에 적시했어요. 이게 무슨 이야기일까요? 군대 갔다 온 사람을 우대하고 싶으면 군가산점제를 이용해서 어쩔 수 없이 군대를 못 간 사람을 차별하지 말고, 군대 갔다 온 사람을 추가로 더 채용하라고 말하는 겁니다. 돈이 부족하다는 이유로 차별적인 수단을 쓰는 것은 국가가 해서는 안 된다고 판단을 내립니다. 이 취지에 따라 요즘에는 군가산점제 대신 성비 균형을 맞추기 위한 플러스

알파 채용을 하고 있습니다. 여성이 너무 적으면 여성을, 남성이 너무 적으면 남성을 추가로 채용한다고 해요.

제3장

국회

☑ 제40조 – 제65조

입법권은 국회에 속한다.

헌법에 대통령보다 국회가 먼저 나오는 이유

보통 우리나라가 대통령중심제라고 생각하다 보니까 당연히 헌법에서도 국가기관 중에 대통령이 먼저 나올 줄 알아요. 그런데 헌법에서 가장 먼저 설명하는 국가기관은 국회예요. 대통령제라면 대통령이 가장 중요한데 왜 국회부터 설명할까요? 국회가 법률을 만드는 기관이고, 대통령도 법률이 정한 바에 따라 권한을 행사해야 한다는 법치주의 원칙이 있기 때문입니다. 또 다른 이유도 있어요. 국회를 '민의의 전당'이라고 말하잖아요. 이렇게 국민의 의사가 모이는 곳이기 때문에 국회를 여러 국가기관 중 가장 먼저 다루고 있는 것입니다. 민주주의에서 대통령 이상으로 중요한 위치에 있다고 보는 거죠.

앞에서도 잠깐 얘기했는데, 우리 헌법에 권력이라는 말이 몇 번 나온다고 했나요? 한 번이죠. "모든 권력은 국민으로부터 나온다."라고 할 때 딱 한 번 나와요. 그 이외에는 '권리', '~권' 이렇게 등장합니다. 40조를 다시 읽어보죠. 입법 권력이 아니라 '입법권'이라고 되어 있죠. 그러니까 헌법상 국민만 권력을 갖고 있어요. 그리고 국민이 가진 권력을 입법권, 사법권, 행정권으로 나눠서 위임하고 그중 하나인 입법권을 국회에 맡긴 것입니다. 사법권은 법원, 행정권은 행정부에다 맡기고요. 따라서 이 조항에서 "입법권은 국회에 속한다."라고 할 때 입법권 앞에 따로 수식하는 말이 없어도 입법권은 국민으로부터 나와서 국회로 간 거예요. 사법권, 행정권도 마찬가지예요.

앞서 얘기했듯 요즘 법원 판결에 문제를 제기하고 비판하는 국민들이 많은데, 비판하는 국민들을 향해 왜 국민이 법원 판결에 왈가왈부하느냐고 하면 이렇게 얘기해주세요. "너희가 갖고 있는 사법권은 원래 국민으로부터 나온 거야. 우리가 맡긴 것이지 원래 너희 게 아니야."라고요. 사실 국민이 모든 권력에 대해서 비판하고 감시하고 평가할 수 있어야 합니다. 그게 우리 헌법의 정신이기도 하고요.

① 국회는 국민의 보통·평등·직접·비밀선거에 의하여 선출된 국회의원으로 구성한다.

② 국회의원의 수는 법률로 정하되, 200인 이상으로 한다.

③ 국회의원의 선거구와 비례대표제 기타 선거에 관한 사항은 법률로 정한다.

국회의원이 많을수록
국회의원 한 사람의 힘이 줄어든다

국회는 당연히 국회의원으로 구성되죠. 그리고 국회의원은 국민이 선출하고요. 선출 방법은 보통선거, 평등선거, 직접선거, 비밀선거에 의해서 선출한다고 되어 있습니다. 선거의 4대 원칙을 보통, 평등, 직접, 비밀이라고 이야기합니다. 대통령도 4대 선거 원칙에 따라 뽑고 다 이렇게 뽑아요. 보통선거는 뭡니까? 특별선거의 반대말인가요? 보통이라는 게 뭐냐 하면 투표권을 가진 사람과 안 가진 사람이 구분되지 않고, 다 투표권을 가지고 있다는 전제하에서 치러지는 선거를 말합니다. 평등선거는 뭘까요? 모두

한 표씩 갖고 있다는 전제를 가지고 있는 게 평등선거예요. 직접 선거는 뭐예요? 내가 직접 투표권을 행사하는 겁니다. "제 짝꿍이 몸살이 나서 제가 대신 두 표를 행사하겠습니다." 하면 되나요? 안 되죠. 안 된다는데도 계속 우기고 그러면 공무집행방해가 될 수 있어요. 아무리 친한 사람이고 그 사람이 부탁했다고 해도 안 돼요. 헌법에 안 된다고 되어 있습니다. 비밀선거는 뭐죠? 투표 내용에 대해 비밀이 보장되는 선거예요. 왜 비밀선거가 중요할까요? 예를 들어서 제가 엄청 센 권력자라고 해보죠. 제가 째려보면 하늘에서 새도 떨어져요. 그런데 제가 공직선거에 출마했어요. 투표자 입장에서 저를 안 뽑고 다른 사람을 뽑고 싶은데 선거 결과가 다 공개되면 어떻겠어요? 겁나서 저를 안 찍을 수가 없잖아요. 예전 군사정권 시절에 군대에서는 다 보이는 데서 투표하라고 했다는 얘기도 있죠. 비밀선거는 이런 일이 일어나는 걸 막아줍니다.

다음 2항에는 국회의원 수는 법률로 정하되 200인 이상으로 한다고 돼 있습니다. 200명 이상이니까 400명이어도 되고 500명이어도 됩니다. 하지만 100명으로 줄이는 건 안 돼요. 200명 이상이라고 되어 있기 때문이에요. 국회의원 수와 관련해서 국회의원 좀 줄여야 한다고 말하는 사람들이 많습니다. 심정적으로는 이해가 돼요. 하지만 잘 생각해봐야 합니다. 어떤 특권이나 권한이 많은 사람이 나누어 가질 때 커질까요? 아니면 적은 사람이 나누어 가질 때 커질까요? 당연히 적은 사람이 갖고 있을 때 커지죠. 여기서 대법관 얘기 좀 해볼게요. 대법관들이 자기네들이 처리해야 할 1인당 사건 수가 너무 많아서 죽겠다고 합니다. 그래서 자기네들 일을 덜기 위해 상고법원이라는 걸 만들어야 된다고 하잖아요. 반면에 민변 같은 곳에서는 상고법원 만들지 말고 그냥 대법관 수를 늘리면 되지 않냐고 해요. 대법관 늘리면 대법관 1인당 일거리는 줄잖아요. 그런데 대법관들이 2023년 들어서서 대법관 4명을 6년에 걸쳐 차례로 늘리자고 하고 있으나 오랜 기간 동안 대법관의 수를 늘리는 것에 대해 절대 안 된다고 해왔어요. 왜 그럴까요? 13명 중 하나일 때하고 100명 중 하나일 때하고 권한이 어떻겠어요?

　이 얘기랑 같습니다. 국회의원 숫자가 많아지면 국회의원 한 사람의 특권과 권한이 세지는 게 아니라 약해지겠죠. 국민 입장에서는 국회의원 월급 반으로 깎고 보좌관 수 반으로 줄이는 대신 국회의원 수 두 배로 늘리는 게 더 현명한 선택일 수 있어요. 국회의원 수를 두 배로 늘리면 300명 중의 하나가 아니라 600명 가운데 하나가 돼요. 그러면 권한도 600분의 1로 쪼개지잖

주민의 헌법

아요. 이런 점에 대해 한번 고민해볼 필요가 있습니다.

실제로 인구 대비 국회의원 숫자도 그리 많은 건 아닙니다. 네덜란드나 북유럽 국회의원 부러워하잖아요? 그런데 네덜란드와 북유럽의 인구 대비 국회의원 수대로 하려면 우리나라에는 훨씬 많은 수의 국회의원이 있어야 해요. 2015년 기준으로 스웨덴은 인구 27,276명당 국회의원이 1명인 반면에 우리나라는 167,400명당 1명입니다. 그곳 국회의원들은 적은 사람들을 대표하면서 적은 국가기관을 맡아서 훨씬 더 집중도 있게 일을 할 수 있습니다. 저만 해도 지역구 주민이 20만이 넘고 피감기관이 열 개가 넘어요. 사실 정신없죠. 그럼에도 불구하고 "난 국회의원 50명이었으면 좋겠어."라고 할 수도 있습니다. 그러면 대법관만큼이나 권한이 센 국회의원이 탄생합니다. 50명이 법을 다 만들고 국가기관을 다 통제하고 예산 다 감독하면 얼마나 권한이 세지겠어요. 정말 무섭지 않나요?

3항은 국회의원의 선거구와 비례대표제, 기타 선거에 관한 사항을 법률로 정하라는 얘기입니다. 이 법률이 '공직선거법'이에요. 국회의원 선거는 4년에 한 번 합니다. 헌법 42조에 국회의원 임기는 4년으로 한다고 정해져 있어요. 4년에 한 번 선거할 때마다 선거구를 새로 정해요. 인구가 계속 변하니까 매번 선

주민의 헌법

거할 때마다 선거구를 정합니다. 이렇게 선거구를 정할 때 법률에 따라 해야 해요. 공직선거법 뒤에 보면 선거구가 쭉 적힌 표가 붙어 있거든요. 4년에 한 번 선거구를 정할 때마다 그 표를 바꿔줘요. 그러니까 선거할 때마다 법률을 개정해 선거 치르고, 또 다음번에 인구 편차로 조정해서 법 바꿔서 선거 치르고 이런 식으로 해요. 선거구 때문에 매번 선거 때마다 공직선거법을 바꾼다고 보면 됩니다. 법률은 국회에서 만든다고 했죠? 선거구도 법률로 정하기 때문에 국회에서 선거구를 정하는 겁니다.

반면에 시·구의원 선거구는 조례로 정합니다. 조례는 자치단체가 만드는 법이죠. 예를 들어 서울시 조례에 국회의원 선거구 하나당 시의원 선거구는 두 개로 한다고 되어 있다는 거예요. 참고로 한 지역에 여러 개 선거구가 있을 때 이름을 어떻게 붙이냐 하면, 국회의원 선거구의 경우 은평구에 두 개의 선거구가 있다면 은평갑, 은평을 이런 식으로 합니다. 국회의원 선거구에서 갑, 을, 병, 정을 붙이는 것처럼 시의원 선거구는 1, 2, 3, 4로, 구의원 선거구는 가, 나, 다, 라로 합니다.

국회의원의 임기는 4년으로 한다.

국회의원 국민소환제,
헌법 개정 없이 가능할까

국회의원의 임기는 4년입니다. 헌법에 그렇게 되어 있어요. 그런데 이것이 국회의원 임기의 최대한을 보장하는 것이냐 혹은 최소한을 보장하는 것이냐를 두고 의견이 갈려요. 만약 국회의원 임기의 최대한을 보장하는 것이라고 보면 어떻게 될까요? 최대 4년을 하라는 것이니 4년이 되지 않더라도 여러 가지 이유로 그만두게 할 수 있겠죠. 반대로 최소한을 보장하는 것이라면 최소한 4년은 국회의원을 하라고 해야 하기에 중간에 그만두게 하지 못하겠죠.

최근 국회의원이 임기 중이라도 국민이 소환하여 파면하는 제도(국민소환제)를 도입하여야 한다는 주장이 많은 사람들에게 공감을 얻고 있습니다. 개인적으로 저는 찬성일 뿐만 아니라 이미 법안도 발의한 바 있어요. 그런데 만약 42조가 국회의원의 임기를 최소한으로 보장하는 조항이라고 한다면 헌법 개정 없이는 국민소환제를 도입할 수 없게 됩니다. 반대로 최대한으로 보장하는 조항이라면 개헌이 필요 없지요. 전 당연히 최대 보장으로 보고 있는데 여러분은 어떠신가요?

국회의원은 법률이 정하는 직을 겸할 수 없다.

국회의원은 변호사 겸직 못 한다

제가 국회의원 되기 전에 무슨 일 했는지 아세요? 변호사였습니다. 그런데 지금은 변호사를 못 해요. 왜냐고요? 국회의원을 하는 동안에는 법률이 정해놓은 직은 못 하게 되어 있거든요. 법률에 의해서 국회의원은 변호사 겸직을 못 해요. 그래서 전 변호사 자격을 어떻게 했냐 하면 휴업신고를 해놨어요. 그런데 19대 국회 때만 해도 변호사 겸직이 가능했습니다. 이렇게 국회의원 겸 변호사들이 1년에 300~400건씩 소송을 수임했어요. 돈을 엄청 벌었겠죠. 지금은 법이 바뀌어서 전 못 합니다. 뭐, 억울하진 않아요. 변호사만 못 하게 되어 있는 게 아니에요. 영리를 추구하는 법인의 임원 같은 것도 못 합니다.

```
┌─────────────────────────────────────────────┐
│              ◆ 제44조 ◆                       │
│                                               │
│  ① 국회의원은 현행범인인 경우를 제외하고는 회기중 국회의   │
│     동의 없이 체포 또는 구금되지 아니한다.            │
│  ② 국회의원이 회기 전에 체포 또는 구금된 때에는 현행범인이 │
│     아닌 한 국회의 요구가 있으면 회기중 석방된다.        │
│                                               │
└─────────────────────────────────────────────┘
```

불체포특권으로 행정부의 국회 무력화 막기

국회의원이 갖고 있는 대표적인 특권이 두 개 있어요. 바로 '불체포특권'과 '면책특권'입니다. 그럼 44조 1항의 국회의원은 현행범인인 경우를 제외하고는 회기 중 국회의 동의 없이 체포 또는 구금되지 아니한다는 건 불체포특권일까요? 면책특권일까요? 힌트는 45조입니다. 45조를 한번 읽어보세요. 눈치채셨나요? 44조는 불체포특권, 45조는 면책특권입니다. 불체포특권이라고 해서 무조건 체포가 안 된다는 말이 아니에요. 현행범인 경우엔 체포가 됩니다. 국회가 동의해줘도 체포가 되고요. 여기에서 중요한 건 '회기 중'에 한정된다는 점입니다. 회기 중이란 국회가 열려 있다는 얘기인데, 회기는 국회가 정해요. 예를 들어 "1월 1일부터 1월

30일까지 제 몇 차 회기로 정합니다." 하면서 회기가 시작됩니다. 국회법에 의해 정기회는 매년 9월 1일부터 12월 31일까지는 자동적으로 회기가 시작돼요. 그러니까 회기 중일 경우 현행범이면 바로 체포 가능하고 현행범이 아니면 국회의 동의를 받아야 체포할 수 있습니다.

1항은 회기 중이었다면 2항은 회기 전이에요. 회기가 아닐 경우 현행범이면 당연히 체포되죠. 현행범이 아니면 어떨까요? 회기가 아닐 경우에는 현행범이 아니더라도 체포할 수 있습니다. 이때 국회가 요구하면 풀려난다고 되어 있어요. 국회 요구로 풀어줘야 하는 것일 뿐 애초에 체포가 안 된다는 것이 아니에요.

정리를 한번 해볼게요. 현행범은 회기 중이든 전이든 체포될 수 있습니다. 현행범이 아니면 회기 중일 때는 국회 동의가 있어야 체포가 되고, 회기 전일 때는 국회 동의 없이 체포 가능하지만 회기 중에 국회가 풀어달라고 요구하면 풀어줘야 됩니다.

불체포특권은 행정부가 국회를 무력화하는 걸 막기 위해 필요합니다. 이승만 전 대통령 때 국회의원들을 막 체포한 적 있었잖아요. 이게 그저 옛날 얘기가 아니에요. 박근혜 전 대통령 때 기무사에서 만든 촛불집회 대책 문건에도 이런 내용이 있

주민의 헌법

었습니다. 이 문건에서 계엄 선포를 계획하고 있거든요. 계엄 선포 시 국회가 계엄을 풀어달라고 요구할 권한이 있는데, 이걸 행사하지 못하게 하려고 국회의원을 체포할 계획을 세워놨던 거예요. 그러면 국회가 성립이 안 되니까 계엄을 해제할 수 없잖아요. 야당 의원들 체포해서 계엄 해제를 못 하게 한다는 문구가 들어있었어요.

그리고 2024년 12월 3일 윤석열은 국회를 무력화시키기 위해 계엄을 선포하는 식으로 군을 동원하여 국회에 투입시켰지요. 당시 시민들과 기자, 국회직원, 의원 보좌진 등이 헌신적으로 계엄군을 막지 않았다면 의원들은 국회에 들어가지 못하거나 끌려나왔을 것입니다. 이런 일을 막기 위해서 불체포특권이 필요합니다.

국회의원은 국회에서 직무상 행한 발언과 표결에 관하여 국회 외에서 책임을 지지 아니한다.

국회 회의에서 사실이 아닌 의혹을 말하면?

45조는 면책특권 얘기예요. 면책특권이 뭐냐 하면 국회의원이 국회에서의 직무상 발언이나 표결로 국회 외에서 책임을 안 진다는 거예요. 예를 들어서 제가 국회에서 진행되는 회의석상에서 "○○○ 의원이 ○○ 씨 돈을 먹었답니다." 이런 얘기를 하면 제가 책임을 질까요? 안 져요. 그래서 이런 의혹 제기가 자주 이뤄져요. 만약에 사실관계가 100퍼센트 확인돼야만 의혹을 제기할 수 있다고 하면 얘기할 수 있는 게 거의 없지 않겠어요? 그래서 의혹만으로 이상하다고 말을 할 수 있게 하기 위해서 국회의원에게 면책특권을 줍니다.

면책특권과 관련해서 유명한 일이 하나 있었습니다. 바로 고 노회찬 전 의원과 관련된 일입니다. 노회찬 전 의원은 삼

주민의 헌법

성으로부터 이른바 '떡값'을 받았다는 검사들의 명단을 공개했어요. 그런데 면책특권의 보호를 받지 못했어요. 노회찬 전 의원이 명단을 공개하는 방법으로 기자들에게 보도자료를 배포하는 방법과 인터넷에 게시물을 올리는 방법을 썼는데, 기자들에게 보도자료를 배포한 행위는 국회 내에서 이루어진 것으로 본 반면에 인터넷에 올린 것은 국회 내에서 한 것으로 보지 않았습니다. 그래서 인터넷에 올린 행위를 이유로 처벌을 받았습니다. 이 사건 이후로 국회의원들이 뭔가를 폭로하려고 하면 그 방법을 매우 주의 깊게 결정하게 되었다고 합니다.

① 국회의원은 청렴의 의무가 있다.

② 국회의원은 국가이익을 우선하여 양심에 따라 직무를 행한다.

③ 국회의원은 그 지위를 남용하여 국가·공공단체 또는 기업체와의 계약이나 그 처분에 의하여 재산상의 권리·이익 또는 직위를 취득하거나 타인을 위하여 그 취득을 알선할 수 없다.

국회의원 지위를 이용해 이익을 얻지 말 것

자, 청렴의 의무입니다. 당연한 거 아닙니까? 다음으로 국회의원은 국가이익을 우선하여 양심에 따라 직무를 행한다고 되어 있네요. 이 역시 당연하죠. 그런데 여기서 말하는 양심은 뭘까요? 19조에서 헌법에서 말하는 양심에 대해서 얘기했었죠. 거기에서 뭐라고 했냐 하면 양심은 신념을 말한다고 했어요. 그러니까 직무를 행할 때 외부의 지시를 따르지 말고 본인 내면의 신념을 따르라는 뜻입니다. 3항은 역시 너무 당연한 이야기라서 설명이 필요없습니다.

제47조

① 국회의 정기회는 법률이 정하는 바에 의하여 매년 1회 집회
  되며, 국회의 임시회는 대통령 또는 국회재적의원 4분의 1이
  상의 요구에 의하여 집회된다.
② 정기회의 회기는 100일을, 임시회의 회기는 30일을 초과할
  수 없다.
③ 대통령이 임시회의 집회를 요구할 때에는 기간과 집회요구
  의 이유를 명시하여야 한다.

매년 9월 1일은 정기회 시작되는 날

국회 회기에는 정기회와 임시회가 있어요. 국회법에 의해서 정
기회는 매년 1회, 9월 1일부터 하고 100일 내로 하게 되어 있습
니다. 이렇게 정기회는 법률에 따라 매년 자동으로 열립니다. 정
기회가 아닌 건 모두 임시회라고 하는데, 임시회는 대통령이나
국회 재적의원 4분의 1 이상이 요구하면 열리고요. 이렇게 임시
회는 회기를 열어달라는 능동적인 요구 행위가 있어야 해요. 정
기회처럼 자동으로 시작되는 게 아닙니다. 다만 최근 국회법은
2월·3월·4월·5월 및 6월 1일과 8월 16일에 임시회를 여는 것을

원칙으로 하고 있어요. 물론 이 원칙은 강제력이 있는 것은 아니에요.

정기회와 임시회 모두 무한정 할 수는 없어요. 회기 기간이 정해져 있거든요. 정기회는 100일을 초과하면 안 되고 임시회는 30일을 초과하면 안 됩니다. 법률이 아니라 헌법에 이렇게 정해져 있어요. 그리고 앞서 대통령의 요구로 임시회를 열 수 있다고 했는데, 대통령이 임시회 열어달라고 요구할 때는 당연히 요구하는 이유랑 기간을 명시해야 하고요.

주민의 헌법

국회는 의장 1인과 부의장 2인을 선출한다.

국회의장은 제1당에서

국회에는 의장이 한 명, 부의장이 두 명 있어요. 국회의장은 제1
당에서 선출합니다. 부의장은 그다음으로 규모가 큰 당에서 관
례적으로 해요. 제2당에서 한 명, 제3당에서 한 명 이렇게 대개
하죠. 관례적으로 그렇게 해왔습니다. 왜냐면 선거를 해봤자 결
과가 뻔하잖아요. 그래서 국회의장을 뽑을 때 일단 의원 수가 제
일 많은 다수당, 그러니까 제1당 내에서 투표를 해요. 후보들이
쭉 나와서 유세를 하고 그 당의 의원들이 뽑습니다. 이렇게 뽑힌
사람을 다른 당에서도 다 밀어줘요. 국회 본회의장에서 표결하
긴 하지만 형식적인 거예요. 당내에서 누가 1등이 되느냐가 제일
치열해요. 당내에서 1등으로 뽑히면 그 사람이 그냥 의장이 되니
까요. 그래서 국회의장 선거에 나오면 자기 당 국회의원들을 계
속 찾아다녀요. 다른 당 국회의원을 찾아다닐 필요가 없어요.

국회는 헌법 또는 법률에 특별한 규정이 없는 한 재적의원 과반수의 출석과 출석의원 과반수의 찬성으로 의결한다. 가부동수인 때에는 부결된 것으로 본다.

우리나라에는 없는 캐스팅보트 제도

국회 의결을 위해서는 대개 재적의원 과반수가 출석하고 출석한 의원의 과반수가 찬성을 해야 합니다. 가부, 즉 찬성과 반대의 수가 같을 때는 부결되고요. 국회의원이 300명이니까 의결을 위해서는 과반수인 150명에서 한 명이라도 더 와야 해요. 그런 다음 출석한 151명 + α가 투표를 해서 출석한 사람의 과반수가 찬성하면 통과가 돼요. 2018년 10월에 있었던 김기영 헌법재판관 임명동의안 표결을 예로 들어볼게요. 이때 111표를 받고 임명동의안이 통과되었는데, 출석한 사람이 160명 정도 됐으니까 80명 넘으면 통과되는 거였어요. 전체 국회의원 300명 중에 3분의 1밖에 안 되는 수인데도 통과가 된다고 보면 됩니다.

　　가부 동수일 때는 부결이라고 했죠? 만약에 300명이

출석해서 150 대 150이 나오면 어떻게 될까요? 통과가 안 된 겁니다. 이건 나라마다 조금씩 달라요. 어떤 나라는 가와 부의 수가 같을 때 의장이 한 표를 더 행사할 수 있도록 하고 있어요. 이것을 '캐스팅보트'라고 합니다. 우리나라는 헌법상 캐스팅보트를 인정 안 해요. 가부 동수가 되면 그냥 부결이에요. 미국의 경우에는 가부 동수일 때 의장이 캐스팅보트를 행사합니다.

① 국회의 회의는 공개한다. 다만, 출석의원 과반수의 찬성이 있
　거나 의장이 국가의 안전보장을 위하여 필요하다고 인정할
　때에는 공개하지 아니할 수 있다.
② 공개하지 아니한 회의내용의 공표에 관하여는 법률이 정하
　는 바에 의한다.

국회 회의는 누구나 볼 수 있다

국회에서 열리는 회의는 원칙적으로 공개입니다. 누구나 본회의
장 방청을 신청해서 회의를 볼 수 있어요. 본회의장과 마찬가지
로 상임의장도 방청 신청을 해서 허가를 받으면 다 볼 수 있습니
다. 국회방송에서 중계를 하면 TV로도 볼 수 있고요. 이렇게 공
개를 원칙으로 합니다. 예외도 있어요. 국가의 안전보장을 위해
서는 공개하지 않을 수 있습니다. 이렇게 비공개로 진행된 회의
내용을 공개하기 위해서는 여러 가지 절차가 필요해요. 국회법
에 이런 절차가 규정되어 있습니다.

　　참고로 현재 국회법에는 '정보위원회 회의는 공개하지

아니한다.'라고 규정되어 있지만 헌법에 위반된다는 결정을 받았어요. 헌법에 국회 회의를 공개하는 것이 원칙으로 정해져 있기에 원칙적으로 비공개로 한다는 것은 위헌이라는 취지입니다. 그리고 예산결산특별위원회에 예산안등조정소위원회에서 예산안을 최종 조율하게 되어 있는데 마지막이 되면 소소위를 해요. 소위원회의 소위원회라는 뜻으로 국회법에 규정되어 있지 않은 것은 물론이고 국회 홈페이지 위원회 구성란에도 없어요. 예결위원장, 여야 간사와 기재부 등이 소규모로 참여하는 임의 협의체로 법적 근거가 없고, 따라서 회의록도 남지 않아서 국민의 알권리를 침해하고, 밀실 합의를 한다는 비판을 매년 받고 있습니다.

국회에 제출된 법률안 기타의 의안은 회기중에 의결되지 못한 이유로 폐기되지 아니한다. 다만, 국회의원의 임기가 만료된 때에는 그러하지 아니하다.

국회의원 임기가 끝나면
발의한 법안도 함께 폐기된다

국회의원이 법안을 발의했을 때 회기 중에 의결이 안 되었다고 해서 폐기되는 건 아니에요. 하지만 국회의원 임기가 끝나면 폐기돼 버리죠. 어떤 법안을 발의하고 나서 회기가 시작됐어요. 그런데 불행하게도 그 회기 중에 법안 통과가 안 된 거예요. 그러면 이 법안이 어떻게 된다고요? 폐기되지 않고 계속 살아 있어요. 그럼 언제 폐기될까요? 국회의원 임기가 끝나면(예를 들어 21대 국회가 끝났을 때) 전부 폐기돼 버립니다. 국회의원 임기 4년이 끝나면 그동안 발의한 법안이 모두 없어져버려요.

실제로 21대 국회의원의 임기가 끝나면서 통과되지 못한 채 쌓여 있던 16,494건 정도의 법안이 싹 다 폐기되었습니

다. 그럼 22대 국회가 시작되면 어떤 일이 벌어질까요? 경쟁이 시작되겠죠. 폐기된 법안 가운데 좋은 거 주워서 자기가 딱 발의하는 거예요. 다른 사람이 발의했던 거라도 이미 폐기된 건데 뭐 어떠냐면서 주워서 발의하는 경우가 굉장히 많습니다. 그래서 손이 빠른 보좌관들이 필요하다고 그래요. 시작하자마자 좋은 법안들 쫙 주워서 엄청나게 빠른 속도로 발의해버려요. 티 나지 않게 조금씩 바꾸려면 손이 빨라야 돼요. 국회 경험도 많고 잘 아는 보좌관들을 초선 의원들이 많이 영입하는 이유가 이런 작업을 하는 데 도움이 많이 되거든요.

법안 발의는 국회의원 한 명이 할 수 없다

법률안 제출은 국회의원하고 정부가 할 수 있습니다. 그런데 국회의원이 법률안 제출할 때 혼자서 되는 게 아니에요. 열 명이 그 법안에 서명을 해야 제출 가능합니다. 총 열 명이니까 제가 법안 제출한다고 치면 동료 의원 아홉 명의 사인이 더 필요해요. 정부는 달라요. 그냥 정부에서 내면 됩니다. 우리랑 같은 대통령제를 채택하고 있는 미국을 보면 정부가 법률안 제출을 못해요. 대통령제의 핵심은 삼권분립을 지키기 위해 입법부의 대표적인 권한인 법률안 제출권을 정부가 가질 수 없다는 게 미국의 철학이에요. 그런데 우리 정부는 법률안을 낼 수 있어요. 행정부지 입법부가 아닌데도 말이에요. 그래서 우리나라의 대통령제를 '변형된 대통령제'라고들 합니다. 대통령의 힘이 굉장히 세서 의회의 권한까지도 몇 개 갖고 있어요. 물론 정부의 법률안 발의절차는 국회의원의 그것보다는 훨씬 복잡한데요, 먼저 법령안을 입안하면 관계 부처, 기관과 협의를 걸쳐 영향평가를 진행한 후, 입법예고를 통해 의견을 수렴하고, 규제심사, 법제처 심사를 거칩니다. 마지막에는 차관회의와 국무회의 심의를 거치고, 대통령이 재가한 후 국회에 제출됩니다. 그러면 국회에서 다른 법률안들과 같은 방법으로 심의한 후 의결하면, 국무회의를 거쳐 공포하게 됩니다. 복잡한 입법 과정으로 인해 정부가 만든 법안을 국회의원에게 제안하여 의원이 발의하게 하기도 하는데 이렇게 정부 요청으로 발의된 법안을 '청부입법'이라는 별칭으로 부르기도 합니다.

주민의 헌법

◆ 제53조 ◆

① 국회에서 의결된 법률안은 정부에 이송되어 15일이내에 대통령이 공포한다.

② 법률안에 이의가 있을 때에는 대통령은 제1항의 기간내에 이의서를 붙여 국회로 환부하고, 그 재의를 요구할 수 있다. 국회의 폐회중에도 또한 같다.

③ 대통령은 법률안의 일부에 대하여 또는 법률안을 수정하여 재의를 요구할 수 없다.

④ 재의의 요구가 있을 때에는 국회는 재의에 붙이고, 재적의원 과반수의 출석과 출석의원 3분의 2이상의 찬성으로 전과 같은 의결을 하면 그 법률안은 법률로서 확정된다.

⑤ 대통령이 제1항의 기간내에 공포나 재의의 요구를 하지 아니한 때에도 그 법률안은 법률로서 확정된다.

⑥ 대통령은 제4항과 제5항의 규정에 의하여 확정된 법률을 지체없이 공포하여야 한다. 제5항에 의하여 법률이 확정된 후 또는 제4항에 의한 확정법률이 정부에 이송된 후 5일이내에 대통령이 공포하지 아니할 때에는 국회의장이 이를 공포한다.

⑦ 법률은 특별한 규정이 없는 한 공포한 날로부터 20일을 경과함으로써 효력을 발생한다.

대통령은 의결된 법률안을 국회로 돌려보낼 수 있다

법률안 공포는 대통령이 합니다. 국회에서 법률안을 의결하면 정부로 보내요. 그러면 국무회의의 의결을 거친 다음에 공포하게 됩니다. 만약 대통령이 그 법률안에 이의가 있을 때는 15일 이내에 이의서를 붙여서 다시 국회로 보낼 수 있어요.

3항은 대통령이 법률안에 대해 이의가 있다고 국회로 돌려보낼 때 법률안의 일부에 대해서 수정해서 의결해달라고 요구할 수는 없다는 얘기예요. A라는 법안이 넘어왔을 때 다 좋은데 이것만 고쳤으면 좋겠다고 할 수 없습니다. 그냥 통째로 다시 만들어달라고 하는 거지 A 법안의 99퍼센트는 반영할 테니 1퍼센트만 바꿔달라는 식은 안 돼요. 왜냐하면 그렇게 할 수 있다면 대통령이 입법권의 큰 부분(국회에서 의결한 법안을 수정하는 권한)을 가지기 때문이에요.

4항에 따라 재의 요구가 있으면 재의에 붙입니다. 다시 의결하는 거죠. 이때는 재적의원 과반수의 출석과 출석의원 3분의 2 이상의 찬성으로 전과 같은 의결을 하면 그 법률안이 법률로서 확정돼요. 아까 국회가 법안 통과시킬 때는 어땠나요? 재적의원 과반수 출석, 출석 의원 과반수 찬성이면 법안 통과였죠? 그

주민의 헌법

런데 대통령이 재의하라고 돌려보낸 경우에는 재적의원 과반수 출석, 출석의원 3분의 2 이상 찬성이 필요합니다. 그러면 원래 법안 그대로 확정되는 거예요.

여기서 질문 하나. 대통령의 이런 법률안 재의요구권(거부권)은 아무런 제한 없이 행사할 수 있는 것일까요? 위 헌법 조문을 보면 아무런 요건이 붙어 있지 않아서 제한 없이 행사할 수 있는 것처럼 보입니다. 그러나 많은 헌법학자들은 헌법적 원칙에 따른, 내재한 제한이 있다고 보고 있어요. 예를 들면 본인 혹은 가족의 사적 이익을 위해 특정 법률안에 대해 거부하는 것은 안 된다고 합니다. 왜냐하면 대통령은 이해상충을 피해야 하는 공무원으로서의 청렴의무를 지고, 헌법수호의 의무도 가지고 있기 때문이죠. 윤석열은 25번의 거부권을 행사했는데 이 가운데 자신과 자신의 부인이 받고 있는 의혹에 대한 특검을 내용으로 하는 법안을 거부한 것이 총 6번입니다. 김건희 특검법 3번, 채해병 특검법 3번. 이 경우들 모두 이해상충에 해당한다고 할 수 있어요. 그렇다면 내재적 한계를 넘어선 거부권 행사로 위헌적 권한 행사로 볼 수 있습니다.

대통령은 국회에서 보낸 법률을 15일 이내에 공포해야 합니다. 그런데 대통령이 15일 이내에 공포도 안 하고 국회로 돌려보내지도 않으면 어떻게 될까요? 그대로 확정됩니다. 공포 안 해도 확정돼 버려요. 5항의 취지는 국회에서 의결해 보낸 법률안을 대통령이 묵혀두면 안 된다는 거예요. 6항을 보면 대통령이 해야 할 일이 또 있어요. 확정된 법률은 공포를 해야 됩니다.

7항에서는 공포한 날부터 20일이 지나면 효력이 발생한다고 되어 있어요. 특별한 규정이 없는 한 그렇습니다. 특별한 규정을 두면 어떻게 될까요? 특별하게 이 법은 공포 후 5일 내 효력을 가진다고 하면 5일 지나면 바로 효력이 발생해요. 만약에 이 법은 공포 후 2년이 지난 다음에 효력이 발생한다고 되어 있으면요? 그런 규정이 있으면 그 규정에 따릅니다. 김영란법이 그랬어요. 통과된 다음에 바로 효력이 발생한 게 아니라 1년 반 정도 유예기간이 지나고서 효력이 발생하기 시작했습니다. 특별한 규정을 뒀기 때문이에요. 이 법이 2015년 3월 3일 통과됐는데, 특별한 규정이 없었다면 2015년 3월 23일에 효력이 생겼겠죠. 하지만 1년 반 뒤에 효력을 가진다고 특별한 규정을 뒀어요. 그 기간 동안 국민들이 김영란법에 대해 알게 됐고, 법 시행을 앞두고 한우 포장 세트의 포장 단위를 조정하는 등의 준비를 할 수 있었어요. 이처럼 법 시행과 함께 제도 정비도 많이 돼야 할 필요가 있는 경우에는 유예기간을 둡니다. 사업장에 중대재해 발생 시 의무를 다하지 않은 경영책임자에게 책임을 묻는 중대재해처벌법

주민의 헌법

도 2021년 1월에 통과했지만, 50인 이상 사업장 및 공공기관은 1년 뒤인 2022년 1월에 시행됐어요. 50인 미만 사업장 및 5인 이상 사업장은 2년 유예해서 2024년 1월에 순차적으로 시행하게 특별 규정을 뒀죠. 각 사업장들이 법 시행에 대비할 수 있게 해주기 위해서입니다.

① 국회는 국가의 예산안을 심의·확정한다.

② 정부는 회계연도마다 예산안을 편성하여 회계연도 개시 90일전까지 국회에 제출하고, 국회는 회계연도 개시 30일전까지 이를 의결하여야 한다.

③ 새로운 회계연도가 개시될 때까지 예산안이 의결되지 못한 때에는 정부는 국회에서 예산안이 의결될 때까지 다음의 목적을 위한 경비는 전년도 예산에 준하여 집행할 수 있다.

　1. 헌법이나 법률에 의하여 설치된 기관 또는 시설의 유지·운영

　2. 법률상 지출의무의 이행

　3. 이미 예산으로 승인된 사업의 계속

예산안, 정부가 짜고 국회가 심의하고

"국회는 국가의 예산안을 심의·확정한다." 이 짧은 문장 안에 굉장히 심오한 진리가 담겨 있습니다. 국가의 예산안은 누가 짭니까? 예산안을 짤 권한은 정부가 갖고 있습니다. 엄격한 삼권분립 국가인 미국은 어디서 예산안을 짤까요? 국회가 짜요. 그런데 우리나라는 예산안을 어디에서 짠다고요? 정부가 짭니다. 정부에

서 짠 예산안을 국회는 단지 심의만 해요. 지금도 국정감사가 끝나면 예산 시즌이 시작되고 심의 절차가 시작됩니다. 예산안은 어떻게 짜냐 하면 정부의 모든 부처가 예산안을 짜서 기재부(기획재정부)에 보내요. 기재부는 각 부처가 보내 온 예산안을 종합하여 국가 예산안을 편성하고 집행하는 것을 관리, 감독하는 일을 합니다. 그렇게 기재부가 전체 예산안을 만들어서 국회로 넘깁니다.

2항에는 예산안 짜는 방법이 나와 있어요. 정부가 회계연도마다 예산안을 편성해서 회계연도 개시 90일 전까지 국회에 제출해야 합니다. 자, 회계연도라고 하면 연 단위니까 90일 전까지 보내라는 건 9월 말에 제출하라는 얘기예요. 다음 해 시작되기 90일 전이니까 9월 말이어야 하겠죠. 그럼 국회는 회계연도 개시 30일 전까지 심의를 해요. 대략 11월말 정도까지 심의해서 의결해야 합니다. 만약 국회가 예산안과 세입예산안 부수 법률안을 매년 11월 30일까지 심사하지 못할 경우, 정부가 제출한 예산안 등이 자동으로 본회의에 부의됩니다. 만약에 새로운 회계연도가 개시되었는데도 예산안 의결이 안 되었다면 정부는 어떻게 해야 할까요? 정부는 3항의 1, 2, 3에 쓰여 있는 경우에 한해서는 전년도 예산에 준해서 경비를 집행할 수가 있어요. 이걸 '준예산안'이라고 합니다. 전년도 예산에 준하여 집행하기 때문에 그

렇게 부릅니다. 예를 들어 올해가 됐는데도 올해 예산안이 의결
이 안 된다면 전년 예산안이랑 같은 돈을 쓰게 돼요.

① 한 회계연도를 넘어 계속하여 지출할 필요가 있을 때에는 정부는 연한을 정하여 계속비로서 국회의 의결을 얻어야 한다.
② 예비비는 총액으로 국회의 의결을 얻어야 한다. 예비비의 지출은 차기국회의 승인을 얻어야 한다.

계속되는 지출은 계속비,
갑작스러운 지출은 예비비로

55조는 '계속비'랑 '예비비' 얘기입니다. 1항에서는 계속비를 다루는데, 한 회계연도를 넘어 계속하여 지출을 할 필요가 있을 때 정부는 연한을 정해서 계속비로서 국회의 의결을 얻어야 한다고 되어 있어요. KTX 건설을 예로 들어보겠습니다. 대규모 공사인 만큼 단기간에 공사가 끝날 리가 없잖아요. 그러니까 5년 동안 짓겠다고 한 다음에 계속비라는 것으로 국회의 의결을 받아요. "5년 동안 700조를 쓰겠습니다. 2025년도에는 700조 중에 180조를 쓰겠습니다." 이런 식으로 의결을 받아요.

다음으로 2항에서 말하는 예비비가 뭘까요? 예산안을 짤 때 항목이랑 액수 같은 걸 딱딱 정해두죠. 그런데 항목에 정해둔 일만 일어나는 건 아니잖아요. 산불이 크게 난다든지, 구제역이 크게 유행한다든지 하면 갑자기 큰돈을 써야 되는데, 이렇게 예고 없이 발생하는 일에 대해서 미리 예산안을 정해둘 수는 없죠. 이런 경우를 대비해서 처음부터 항목 없이 예비비라고 묶어놓는 덩어리가 있습니다. 각 부처마다 있거든요. 농림축산식품부(농림부)는 예비비 100억, 해양수산부(해수부) 예비비 1,000억 이런 식으로요. 이렇게 묶어놓았다가 쓸 일이 생기면 일단 쓴 다음에 다음 국회에 승인을 받아야 합니다. 예비비를 제대로 썼는지 안 썼는지 국회가 감독하란 얘기죠. 그래서 함부로 쓸 수 없어요. 허투루 쓰면 국회가 가만 안 두죠. 다음 예비비 편성 때 허투루 쓴 만큼 깎아버립니다. 공무원 징계를 요구하는 경우도 있고요. 예산집행이 잘못됐을 때 국회법상 그 공무원에 대한 징계 요구 권한이 있거든요. 그럼 예비비가 많이 남았을 때는 어떻게 할까요? 다시 국고로 돌아갑니다.

정부는 예산에 변경을 가할 필요가 있을 때에는 추가경정예산안을 편성하여 국회에 제출할 수 있다.

추경으로 중간에 예산을 바꿀 수 있다

예산안이 다 결정되고 나서 변경이 필요할 수도 있겠죠? 예비비 안에서 쓸 수 있는 성격의 것이 아니라면 예산 자체를 변경해야 하는데, 이렇게 중간에 예산을 변경해서 편성하는 게 추가경정예산안이에요. 줄여서 '추경'이라고 합니다. 정부에서 추경을 편성해서 국회에 제출하면 국회에서 의결을 합니다.

　　다만 추경을 아무 때나 할 수는 없어요. 전쟁이나 대규모 재해(「재난 및 안전관리 기본법」 제3조에서 정의한 자연재난과 사회재난의 발생에 따른 피해를 말한다)가 발생한 경우, 경기침체, 대량실업, 남북관계의 변화, 경제협력과 같은 대내 · 외 여건에 중대한 변화가 발생하였거나 발생할 우려가 있는 경우, 법령에 따라 국가가 지급

하여야 하는 지출이 발생하거나 증가하는 경우 등에만 추경을 할

수 있도록 하고 있어요.

국회는 정부의 동의없이 정부가 제출한 지출예산 각항의 금액을 증가하거나 새 비목을 설치할 수 없다.

쪽지예산은 이제 끝

57조는 국회가 마음대로 예산을 늘릴 수 없고 정부의 동의를 구해야만 예산을 늘릴 수 있다고 되어 있어요. 반면에 깎는 건 정부의 동의 없이도 할 수 있어요. 국회가 정부가 짠 예산안 중 어떤 항목은 쓸데없는 것 같으니까 깎고 싶다고 하면 그건 됩니다. 국회가 갖고 있는 건 예산을 늘리는 권한이 아니라 깎는 권한이에요. 예를 들어서 우리 지역에 KTX 놔야 하니까 정부가 100억 원 편성해놓은 걸 130억 원으로 올릴 수 있을까요? 못합니다. 정부가 동의해줘야 돼요. 제 지역구 구민들이 예산 좀 지역에 많이 갖고 오라고 그러면 제가 우리 지역 예산 늘릴 수 있나요? 정부 승인 없이는 안 돼요. 이것 때문에 예산 갖고 오기가 어렵습니다. 만약 국회에서 마음대로 예산을 늘릴 수 있으면 국회의원들끼리

"이번에는 너 밀어줄 테니 다음에는 나 밀어줘." 이러면서 예산 늘린 다음에 그 예산을 올해는 A 의원 지역구에 주고 내년에는 B 의원 지역구에 줄 수도 있겠죠.

'쪽지예산'이라고 들어보셨죠? 이게 편법인데 예전에 쪽지예산이 횡행했던 이유가 있습니다. 정부가 어떻게든 예산안을 통과시키려면 예산에 대한 심의권이랑 의결권을 가진 국회를 설득해야 하잖아요. 그러니까 약간 딜을 하는 거예요. 영향력 있는 의원한테 가서 필요한 지역 예산 내용이 적힌 쪽지를 받아서 예산을 늘려주면 그 의원은 찬성표를 던져요. 이런 식으로 예산안을 통과시켜요. 회의할 때 보면 자그마한 쪽지가 계속 들어온다고 해서 쪽지예산이라고 합니다. 액수가 적어서 쪽지예산이 아니에요. 예를 들어서 "○○○ 의원이 지역구에 예산 20억 주면 찬성 찍어준답니다." 이런 쪽지가 계속 들어온다는 거예요.

근데 19대 국회 때 국회법이 바뀌어서 일정 시간이 지나도 예산안 의결을 못 하면 그냥 정부 예산안 그대로 올라가게 됐어요. 그래서 쪽지예산안이 요즘에는 소용없어서 많이 줄어들었습니다. 정부가 굳이 그 쪽지에 적힌 요구들을 들어줄 필요가 없습니다. 19대 때 국회법 바뀐 게 많아요. 그래서 겸직도 못 해, 연금도 못 받아, 쪽지예산도 없어요. 19대까지가 국회의원의 황금기였다는 우스갯소리도 있어요.

제 58조

국채를 모집하거나 예산외에 국가의 부담이 될 계약을 체결하려 할 때에는 정부는 미리 국회의 의결을 얻어야 한다.

국채 발행에는 국회 의결이 필요하다

국채를 발행할 때는 국회 의결을 미리 받아야 합니다. 국채가 뭔지 아시죠? 국가가 국채라는 형태의 증권을 발행하여 판매해서 돈을 빌리는 거예요. 국채는 정부의 공식 채무가 돼요. 그래서 국채를 사면 국가에 대한 채권자가 됩니다. 국채를 사면 국채 증서에 쓰여 있는 이자율만큼 이자가 들어오고 다른 자산에 비해 안정적이기 때문에 국채를 투자 수단으로 많이 사요. 특히 미국 국채요. 안전하다고 보는 것이죠. 물론 우리나라 국채도 살 수 있어요. 예전에 발행해놨던 것도 있고 정기적으로 법에 의해서 어느 정도는 계속해서 국채를 발행하거든요.

국회

제 59조

조세의 종목과 세율은 법률로 정한다.

지방자치단체 마음대로 세금을 만들 수 없다

어떤 명목으로 세금을 걷을 건지, 세율은 어느 정도로 할 건지는
법률로 정해야 합니다. 이게 바로 '조세법률주의'예요. 이미 말씀
드린 바 있지요. 법률이 아닌 조례로 정할 수 있나요? 없습니다.
조례는 지방자치단체에서 만드는 법이라고 했죠. 예를 들어서
서울시가 돈이 필요하다고 해서 새로운 세금을 만들어서 서울시
민에게 걷으려고 해요. 이게 가능할까요? 가능하지 않죠. 법률이
아니면 안 되거든요.

① 국회는 상호원조 또는 안전보장에 관한 조약, 중요한 국제조
직에 관한 조약, 우호통상항해조약, 주권의 제약에 관한 조
약, 강화조약, 국가나 국민에게 중대한 재정적 부담을 지우는
조약 또는 입법사항에 관한 조약의 체결·비준에 대한 동의
권을 가진다.
② 국회는 선전포고, 국군의 외국에의 파견 또는 외국군대의 대
한민국 영역안에서의 주류에 대한 동의권을 가진다.

판문점선언, 국회 동의가 필요하다

중대한 재정적 부담을 지우는 조약을 체결하고 비준할 때 국회의
동의를 받아야 합니다. 선전포고를 하거나 국군을 외국에 파견
할 때 등도 국회 동의가 필요하고요. 그래서 남북판문점선언에
대해서 국회의 동의를 받아야 한다고 하는 거예요. 문재인 대통
령이 판문점선언을 국회가 동의해달라고 TV에 나와서 이야기했
죠. 6조에서 뭐라고 했어요? 헌법에 의해 체결 및 공포된 조약은
국내법과 같은 효력을 가진다고 했잖아요. 국회에서 동의를 해줘
야 헌법에 의해서 체결된 선언이 될 수 있습니다. 그래서 동의가

필요해요. 또 재정적 부담 측면에서도 국회 동의가 필요합니다. 그런데 국회가 아직 동의 안 해줬습니다. 노무현 대통령의 10.4선언도 동의 못 받았고, 김대중 대통령 때 6.15남북공동선언도 결국 국회 동의를 못 받았어요.

　　"판문점선언을 이행하려면 돈이 엄청나게 들 거다. 퍼주기다. 돈 낭비다."라고 말하는 분들도 있어요. 그런데 조선일보가 2014년에 연재했던 '통일이 미래다'라는 기사만 봐도 통일이나 남북경제협력은 경제적으로 남는 장사거든요. 박근혜 전 대통령도 '통일은 대박'이라고 했잖아요. 예를 들어서, 베트남에 진출한 공장 많잖아요. 그런데 베트남 노동자에게 주는 것보다 적은 돈으로 북한 노동자들에게 일을 시킬 수 있습니다. 개성공단에 들어갔던 한국 기업들 어때요? 개성공단에 다시 안 들어가겠다고 하는 기업 없습니다. 다들 개성공단 재개해서 다시 들어가게 해달라고 해요. 5억 달러 투자해서 30억 달러를 갖고 왔습니다. (개성공단기업협회 추산) 여섯 배를 갖고 왔어요. 경제협력을 하면 우리가 손해 볼 게 없어요. 북한의 입장은 제재가 풀려 개방이 되어도 남한 돈으로만 개발하지 않겠다는 거예요. IMF, 세계개발은행에 가입해서 그 기구의 돈으로도 개발하겠다고 합니다. 미국도 지금 북한에 투자하려고 혈안이 되어 있대요. 경제협력 할 때 드는 돈은 낭비가 아니라 투자입니다.

제61조

① 국회는 국정을 감사하거나 특정한 국정사안에 대하여 조사할 수 있으며, 이에 필요한 서류의 제출 또는 증인의 출석과 증언이나 의견의 진술을 요구할 수 있다.

② 국정감사 및 조사에 관한 절차 기타 필요한 사항은 법률로 정한다.

정기적으로는 국정감사,
특정 사안에 대해서는 국정조사

61조는 국정감사와 국정조사 얘기입니다. 우선 '국회가 국정을 감사하거나'라는 건 국정감사예요. '특정한 국정사안에 대하여 조사할 수 있으며'라는 건 국정조사고요.

둘이 무슨 차이냐 하면, 국정감사는 매년 정기적으로 하는 거고, 국정조사는 특정한 사안이 생겼을 때 조사권을 발동해서 하는 것입니다. 박근혜 전 대통령 때 최순실 사태에 대해서 국정조사를 했었죠. 최근에는 윤석열의 비상계엄과 관련된 국정조사가 진행된 바 있어요.

국정감사랑 국정조사는 어떻게 하느냐를 법률에 정
해놓았는데, 이 법률이 바로 국정감사 또는 조사에 관한 법률입
니다.

주민의 헌법

① 국무총리·국무위원 또는 정부위원은 국회나 그 위원회에 출석하여 국정처리상황을 보고하거나 의견을 진술하고 질문에 응답할 수 있다.

② 국회나 그 위원회의 요구가 있을 때에는 국무총리·국무위원 또는 정부위원은 출석·답변하여야 하며, 국무총리 또는 국무위원이 출석요구를 받은 때에는 국무위원 또는 정부위원으로 하여금 출석·답변하게 할 수 있다.

국무위원 〉 장관

1항에서 국무총리, 국무위원, 정부위원이 나와요. 국무총리에 관해서는 나중에 자세히 얘기할 테니 국무위원 얘기를 먼저 해볼게요. 국무회의를 구성하는 사람을 국무위원이라고 합니다. 각 부의 장관들이 기본적으로 국무위원이에요. 그리고 이외에 장관이 아니지만 국무위원 자격으로 국무회의에 참여하는 사람이 있어요. 이들을 이전에는 '무임소장관' 또는 '정무장관'이라고 불리기도 했으나 현재는 존재하지 않습니다. 이렇게 장관이 아닌 사람도 국무위원인 경우가 있으니까 국무위원이 장관보다 더 넓은 개념이죠.

다음으로 정부위원은 뭘까요? 차관입니다. 차관은 국무회의에 들어가지 않으므로 국무위원이 아니라 정부위원이라고 합니다.

1항을 보면 국무총리, 국무위원, 정부위원 등은 국회나 그 위원회에 출석해서 얘기할 권한이 있어요. 반면 국회나 위원회가 이 사람들 보고 와서 얘기하라고 명령할 권한도 있어요. 2항이 이 내용이에요. 자기가 원할 때 나와서 얘기할 수도 있고, 나오기 싫어도 국회에서 부르면 나와야 합니다. 국회 상임위가 열리면 상임위원장을 기준으로 오른쪽에 여당이 앉고 왼쪽에 야당이 앉습니다. 상임위원장 맞은편에는 누가 앉을까요? 여기에 엄청나게 많은 의자가 놓여 있는데, 국무위원 자리예요. 장관들이 여기 앉아요. 그 뒤에 차관들, 국장들, 실장들이 쫙 앉아요. 상임위가 열리면 장관들이 다 옵니다. 왜 올까요? 2항에 의해 오라고 하면 와야 돼요. 법사위, 환노위, 기재위, 문체위, 교육위, 산자위, 외통위, 보복위 등 열 개 넘는 상임위가 있는데, 특히 법사위가 진풍경이에요. 모든 상임위의 법이 여기를 다 거치다 보니 모든 국가기관의 장관에게 출석을 요구할 수 있거든요. 그래서 온갖 장관들이 다 와요. 아무튼 이 상임위에서 국회의원들이 법안 심사를 하다가 장관들한테 질문해요. "이 법은 내가 보기엔 쓸모없는 것 같은데 어떻게 생각합니까?" "쓸모 있습니다." "왜 그렇게 생각하십니까?" 이런 식으로 진행됩니다.

주민의 헌법

+ **제63조** +

① 국회는 국무총리 또는 국무위원의 해임을 대통령에게 건의
할 수 있다.
② 제1항의 해임건의는 국회재적의원 3분의 1이상의 발의에 의
하여 국회재적의원 과반수의 찬성이 있어야 한다.

국회가 국무총리 해임을 건의할 수 있다

국회가 국무총리나 국무위원의 해임을 대통령에게 건의할 수도
있어요. 해임 건의를 하기 위해서는 재적의원의 3분의 1 이상이
발의하고 재적의원의 과반수가 찬성해야 돼요. 이렇게 해임을
건의하면 반드시 해임이 될까요? 그렇지 않아요. 말부터가 '건의'
잖아요.

① 국회는 법률에 저촉되지 아니하는 범위안에서 의사와 내부 규율에 관한 규칙을 제정할 수 있다.
② 국회는 의원의 자격을 심사하며, 의원을 징계할 수 있다.
③ 의원을 제명하려면 국회재적의원 3분의 2이상의 찬성이 있어야 한다.
④ 제2항과 제3항의 처분에 대하여는 법원에 제소할 수 없다.

국회의원은 제명된 걸로 소송할 수 없다

국회에서 각종 규칙을 만들어서 국회 내부의 규율을 정할 수 있습니다. 대부분의 국가기관들이 자신의 운영을 규율하기 위해 규칙을 만들고 있음에도 이렇게 헌법에서 규칙제정권이 있다고 특별히 언급하는 기관들이 있어요. 국회, 법원, 선관위 등이죠. 이런 기관들은 하나같이 고도의 독립성을 보장받고 있어요. 독립성을 보다 더 강하게 보장하기 위해 규칙제정권을 헌법에서 특별히 규정하고 있다고 보면 됩니다. 2024년 말에 상설특검법과 관련된 국회 규칙 개정이 있었습니다. 7명으로 구성되는 특검후보추천위원회에 여당 몫이 2인 있었는데 대통령 또는 그 가족이 수사 대상인 경우, 특검 후보추천위원회의 7명 중 여당 추천 몫 2명을 제외하고, 그 자리를 비교섭단체에서 추천하도록 변경한 것입니다. 또 국회의원의 자격을 심사하고 징계할 수도 있습니다. 뿐만 아니라 제명도 할 수 있는데, 이를 위해서는 국회의원 3분의 2 이상의 찬성이 있어야 해요. 징계와 제명 등의 처분에 대해서 법원에 제소할 수 없게 되어 있어요. 회사에서 잘리면 해고 무효 소송 등을 할 수 있지만 국회에서 잘리면 소송을 못 해요. 국회의 결정으로 국회의원직에서 쫓겨났을 때 법원에서 이게 잘못된 결정인지를 다툴 수 없습니다. 국회가 자신의 구성원의 지위에 대해 가진 결정권을 인정해주어 자율성을 높이는 것이죠.

① 대통령·국무총리·국무위원·행정각부의 장·헌법재판소 재판관·법관·중앙선거관리위원회 위원·감사원장·감사위원 기타 법률이 정한 공무원이 그 직무집행에 있어서 헌법이나 법률을 위배한 때에는 국회는 탄핵의 소추를 의결할 수 있다.

② 제1항의 탄핵소추는 국회재적의원 3분의 1이상의 발의가 있어야 하며, 그 의결은 국회재적의원 과반수의 찬성이 있어야 한다. 다만, 대통령에 대한 탄핵소추는 국회재적의원 과반수의 발의와 국회재적의원 3분의 2이상의 찬성이 있어야 한다.

③ 탄핵소추의 의결을 받은 자는 탄핵심판이 있을 때까지 그 권한행사가 정지된다.

④ 탄핵결정은 공직으로부터 파면함에 그친다. 그러나, 이에 의하여 민사상이나 형사상의 책임이 면제되지는 아니한다.

파면돼도 재판은 계속된다

국회가 탄핵소추를 의결할 수 있다고 되어 있어요. 실제로 탄핵소추가 된 대통령이 누구죠? 박근혜 전 대통령과 윤석열이죠. 대통령뿐만 아니에요. 국무총리, 국무위원, 장관, 헌법재판소 재판관, 법관, 중앙선거관리위원회 위원, 감사원장 등도 탄핵소추 대상입니다. 열거된 직들 가운데 검찰은 없는데, 헌법에 의한 탄핵소추 대상일까요, 아닐까요? 헌법에 명문으로 언급되어 있는 바에 의하면 검사는 헌법상 탄핵 대상이 아닙니다. 다만 법률이 정하는 탄핵 대상입니다. 1항에서 '기타 법률이 정한 공무원'이라고 되어 있잖아요. 여기에 검사가 들어갑니다. 사실 헌법에서 검사는 판사에 비하면 그렇게 중요한 존재가 아니에요. 실질적으로 힘이 센 것뿐이죠.

탄핵소추가 이뤄지려면 국회의원 3분의 1 이상의 발의가 있고 또 과반수의 찬성이 있어야 됩니다. 다만, 대통령 탄핵소추는 좀 더 어려워요. 3분의 1 이상이 아니라 과반수가 발의하고 3분의 2 이상 찬성해야 합니다. 이렇게 국회가 탄핵을 의결하면 탄핵심판을 받을 때까지 대통령의 권한이 정지됩니다. 그렇다면 탄핵심판은 어디서 할까요? 이정미 헌법재판관이 피청구인 박근혜를 탄핵한다는 결정을 어디서 했어요? 헌법재판소죠. 그러니까 국회에서 탄핵의결을 하는 걸로 끝이 아니라 헌법재판소로 넘어가요. 헌법재판소가 최종적으로 "피청구인 ○○○을 탄핵한다."라고 해줘야 됩니다. 그러니까 국회가 탄핵의결을 한 순간부터 헌법재판소가 탄핵에 대해 예스 또는 노를 결정할 때까지 대통령 직무가 정지되고 권한을 행사할 수 없어요. 이 기간 동안 국무총리를 비롯한 국무위원들이 정부조직법에 정해진 순서대로 권한을 대행합니다. 그래서 아시다시피 박근혜 대통령에 대해 국회에서 탄핵소추가 의결된 후 황교안 총리가 대통령 직무대행으로 일했고, 윤석열 탄핵소추 의결 이후에는 한덕수 총리, 최상목 부총리가 순차로 권한대행으로 일했어요. 그런데 한덕수 총리가 탄핵되고 최상목 부총리가 권한대행을 하자 '대행의 대행'이라고 부르는 언론이 있었어요. 맞는 표현일까요? 그렇지 않습니다. 한덕수 총리가 총리로서 대통령의 권한대행을 하다가 최상목 부총리가 부총리로서 대통령의 권한대행을 한 것이지 대통령 권한대행이라는 지위가 있는 것이 아니기에 대통령 → 권한 대행 → 권한 대행의 대행이라는 식으로 내려가는 것은 아닙니다. 그리고 이렇게 권한 대행이라는 지위가 생기는 것이 아니기에 한덕수 총리에 대한 탄핵 의결 정족수는 총리에 대한 것과 동일하게 봐야지 마치 대통령의 것과 동일하게 봐야 한다는 것은 옳지 않습니다. 또하나 짚어야 하는 것이 있어요. 권한대행의 권한의 범위입니다. 총리나 부총리가 대통령의 권한을 대행한 것이지 민주적으로 선출되었던 대통령이 되는 것은 아니어서 마치 대통령이 권한을 행사하는 것처럼 할 수는 없다는 것이 헌법 학계의 중론이에요. 그렇기에 현상 유지를 위해 소극적으로 권한을 행사해야 합니다. 윤석열 탄핵 의결 이후 문제된 사안이 국회에서 선출한 헌법재판관을 한덕수 총리가 임명하지 않거나 최상목 부총리가 선택적으로 임명한 것인데, 국회에서 선출한 헌법재판관을 임명하는 것은 헌법기관구성이라는 대통령에게 부여된 책무이므로 이를 수행하는 것은 적극적 권한행사가 아니예요. 오히려 싫어도 해야 하는 것이죠. 그런데 이를 하지 않거나 선택적으로 하는 것은 권한을 남용한 것입니다. 과거 황교안 총리도 대통령이 지명, 임명하는 헌법재판관은 임명하지 않고, 대법원장이 지명하는 사람은 임명했어요. 여당에서는 황교안 총리가 대통령이 지명, 임명하는 몫의 헌법재판관을 임명하려 할 때 반대했던 저의 주장을 가지고 와서 한덕수 총리나 최상목 부총리의 행위를 정당화하려 했는데 위에서도 이야기한 바와 같이 대통령의 몫을 임명하는 것과 대법원장 지명 혹은 국회 선출 몫의 헌법재판관을 임명하는 것은 전혀 다른 것이예요. 다른 것을 가지고 와서 억지 주장하는 견강부회죠.

　　　　탄핵으로 공직에서 파면되었다고 해서 민사상 또는 형사상 책임이 없어지지는 않아요. 박근혜 대통령이 파면된 후 형사재판을 받았잖아요. 탄핵으로 다 끝나는 게 아니예요. 윤석열도 마찬가지입니다. 헌법에 파면이 끝이 아니고 재판 다 받아야 한다고 되어 있기 때문에 윤석열도 재판 받을 것이고, 벌을 받을 겁니다.

제4장

정부

☑ 제66조 — 제100조

대통령  제66조 – 제85조

제1절

주민의 헌법

> ## ◆ 제66조 ◆
>
> ① 대통령은 국가의 원수이며, 외국에 대하여 국가를 대표한다.
> ② 대통령은 국가의 독립·영토의 보전·국가의 계속성과 헌법
>   을 수호할 책무를 진다.
> ③ 대통령은 조국의 평화적 통일을 위한 성실한 의무를 진다.
> ④ 행정권은 대통령을 수반으로 하는 정부에 속한다.

대통령의 이중적 지위

국회 이야기를 끝내고 이제 정부 얘기가 시작됩니다. 자, 대통령
은 국가의 원수元首라고 되어 있어요. 원수가 뭔가요? '원수는 외
나무다리에서 만난다.'라고 할 때 그 원수인가요? 아니죠. 국가
의 상징적인 대표자라는 뜻이에요. 외국에 대하여 국가를 대표
한다고 되어 있잖아요. 사실 원수라는 개념은 로마에서 시작되
었다고 합니다. 원래 원수는 입법, 사법, 행정에 관한 권한을 독
점한다고 하고, 그가 가지는 대권이라고 하는 재량권은 법률로
도 제한될 수 없다고 보았어요. 그래서 이 원수라는 표현이 우리
같은 민주공화국과는 잘 안 맞는다는 평이 계속 있어 왔어요. 국

가를 대표한다고 하면 되지 원수라는 표현을 넣을 필요 없다고 말이에요. 그래서 문재인 대통령 개헌안에서는 원수라는 말을 삭제했었습니다.

2항과 3항에서는 대통령의 의무를 얘기하고 있죠. 헌법을 수호할 의무가 있죠. 이것은 본인이 헌법을 지키는 것을 넘어서 헌법이 우리 사회에서 실제로 지켜지고 강제력을 발휘할 수 있도록 노력할 의무입니다. 윤석열은 12·3 비상계엄을 통해 군을 동원해 국회를 무력화시키고, 국회의원을 포함한 정치인을 불법 연행, 구금하려 했으며, 선관위 직원들을 위협해 부정선거가 있었다는 허위 자백을 받으려 했고, 일부 언론인의 연행, 언론기관에 대한 단전과 단수 등을 통해 언론의 자유를 침해하려 했어요. 아주 광범위하게 헌법을 위반한 것이죠. 뿐만 아니라 내란 이후에도 법원이 발부한 영장을 거부하는 등 지속적으로 헌법과 법률을 위반하고 무력화시켰어요. 이것은 헌법을 수호할 의무를 저버린 것입니다. 한덕수 총리나 최상목 부총리가 대통령 권한대행으로 국회가 선출한 헌법재판관의 임명을 거부하거나 선별적으로 임명한 것 역시 헌법기관 구성이라는 대통령의 헌법수호책무를 저버린 것입니다.

평화적 통일을 위해 노력해야 하는 것 역시 대통령의 의무에 포함되어 있어요. 앞에서 얘기한 적 있었어요. 통일은 어

주민의 헌법

떻게 해야 한다고 했죠? 평화적으로. 우리도 통일을 위해서 북한을 선제적으로 공격하면 될까요, 안 될까요? 안 됩니다.

4항을 보면 행정권은 대통령을 수반으로 하는 정부에 속한다고 되어 있습니다. 이것도 앞에서 봤어요. 입법권은 국회에 속하고 행정권은 정부에 속한다고 했죠. 여기서 대통령의 이중적 지위가 나옵니다. 대통령에게는 1항의 지위와 4항의 지위가 있어요. 1항의 지위는 국가를 대표하는 자격이고 4항의 지위는 행정부의 수반이에요. 대통령이 사법부의 수반인가요? 아니면 입법부의 수장인가요? 아니죠. 행정부의 수반이에요. 그런데 동시에 국가를 대표해요. 외교를 할 때 대통령이 가잖아요. 이렇게 대통령은 어떤 측면에서는 국가를 대표하는 지위에 있다고 보면 됩니다. 그렇기 때문에 사법부 구성에도 참여합니다. 뒤에서 보겠지만, 대법관, 헌법재판관 임명에 있어서 임명 절차를 진행합니다.

제 67조

① 대통령은 국민의 보통·평등·직접·비밀선거에 의하여 선출한다.

② 제1항의 선거에 있어서 최고득표자가 2인이상인 때에는 국회의 재적의원 과반수가 출석한 공개회의에서 다수표를 얻은 자를 당선자로 한다.

③ 대통령후보자가 1인일 때에는 그 득표수가 선거권자 총수의 3분의 1이상이 아니면 대통령으로 당선될 수 없다.

④ 대통령으로 선거될 수 있는 자는 국회의원의 피선거권이 있고 선거일 현재 40세에 달하여야 한다.

⑤ 대통령의 선거에 관한 사항은 법률로 정한다.

대통령 후보가 한 명이면 무조건 당선?

대통령은 국민의 무슨 선거로 뽑는다고요? 보통·평등·직접·비밀선거죠. 이건 외워두시면 돼요. 만약 선거를 했는데 최고 득표자가 두 명이면 어떻게 할까요? 국회에서 투표로 정합니다. 이런 일이 지금까지는 없었어요.

대통령 후보가 한 명일 수도 있지 않을까요? 운이 좋

죠. 그러면 이 사람이 선거도 없이 무조건 당선되는 건가요? 우리 헌법은 별걸 다 예비해두고 있습니다. 후보가 한 명이라고 해도 선거를 해서 이 사람이 3분의 1 이상 표를 못 얻으면 떨어져요. 다시 선거해야 됩니다. 부전승은 없습니다.

그다음에 4항이 굉장히 재밌죠. 대통령은 40세 이상 이어야 돼요. 이건 앞에서 언급한 적 있어요. 스무 살 먹은 사람 이 대통령이 되겠다고 하면 안 됩니다. 국회의원은 몇 살 이상이 어야 돼요? 18세 이상이어야 해요. 이건 헌법에서 정한 건 아니고 법률에 그렇게 되어 있습니다. 그런데 대통령이 40세 이상이어 야 한다는 건 헌법에서 정한 거예요. 이 규정을 없애서 보다 젊은 사람들도 대통령직에 도전할 수 있게 해야 한다는 주장이 많이 있어요.

대통령 선거에 관한 사항은 법률로 정한다고 되어 있 는데, 이에 관한 법률로는 공직선거법이 있습니다. 공직선거법이 국회의원 선거, 대통령 선거, 지방자치단체 선거의 방법을 다 정 하고 있어요.

◆ 제68조 ◆

① 대통령의 임기가 만료되는 때에는 임기만료 70일 내지 40일 전에 후임자를 선거한다.

② 대통령이 궐위된 때 또는 대통령 당선자가 사망하거나 판결 기타의 사유로 그 자격을 상실한 때에는 60일 이내에 후임자를 선거한다.

대통령 파면 시 60일 내로 다음 대통령을 뽑는다

여기서는 다음 대통령 선출에 관해 정해두고 있습니다. 우선 임기가 만료되는 때에는 임기 만료되기 70~40일 전에 다음 대통령을 뽑는 선거를 해야 돼요. 대통령이 궐위된 때, 사망했을 때, 자격 상실한 때에는 60일 이내에 다음 대통령을 뽑아야 하고요. 그래서 이 68조 2항에 의해서 "박근혜를 파면한다."라고 한 순간부터 60일 이내에 선거를 치러야 했습니다. 60일, 정말 빠듯하죠? 헌법재판소에서 박근혜 전 대통령의 파면을 결정한 순간부터 60일 안에 선거를 치르려고 하니까 너무 바빠서 정신이 없었어요. 각 당에서 대통령 후보 정하고, 선거운동 하고 막 몰아치는 거예요. 너무 시간이 없다 보니 당시에 대통령 파면이 현실이 되리라고 생각을 못 했다, 파면되는 경우나 사망하는 경우 등 사유를 조금 세분화해서 각 경우마다 선거 시기를 잘 정해놔야 한다, 이런 이야기들이 나왔어요.

참고로 궐위라는 것은 어떤 사유로 인해 해당 직위에 있었던 사람이 영구적으로 그 직위의 업무를 수행하지 못하게 되는 것을 말합니다. 이와 비교되는 것이 유고인데 이것은 어떤 사유로 인해 잠시 업무를 수행하지 못하게 되는 것을 말해요.

◆ 제69조 ◆

대통령은 취임에 즈음하여 다음의 선서를 한다. "나는 헌법을
준수하고 국가를 보위하며 조국의 평화적 통일과 국민의 자유
와 복리의 증진 및 민족문화의 창달에 노력하여 대통령으로서
의 직책을 성실히 수행할 것을 국민 앞에 엄숙히 선서합니다."

토씨까지도 정해져 있는 취임 선서문

대통령 취임 때 선서하는 모습 본 적 있죠? 그런데 놀라운 게 있
습니다. 이때 읽는 취임 선서문이 헌법에 아예 쓰여 있다는 거예
요. 대통령이 취임할 때마다 그때그때 새로 쓰는 게 아니에요. 하
고 싶은 말을 추가하거나 뺄 수도 없어요. 헌법에 따옴표 안에 써
놓은 부분을 토씨 하나 틀리지 않고 그대로 선서해야 합니다. 헌
법에 그렇게 하라고 되어 있어요. 그래서 이 헌법이 대단하다는
거예요. 선서문까지 정해놨잖아요. 따옴표까지 딱 쳐서. 그런데
도 국민들이 헌법을 읽어보질 않아요. 이렇게 많은 것들이 헌법
에 정해져 있고 헌법에 따라 움직이고 있다는 걸 모른다니 정말
아쉽습니다.

대통령의 임기는 5년으로 하며, 중임할 수 없다.

대통령을 두 번 해도 될까

대통령 임기는 5년으로 정해져 있어요. 이번 헌법 이전의 헌법, 즉 전두환 전 대통령 당시의 헌법은 대통령 임기가 7년이었습니다. 대통령은 임기가 끝난 후 중임할 수 없어요. 아무리 인기 많은 대통령이라도 안 됩니다. 문재인 정부 당시 제출되었던 개헌안에는 대통령의 중임을 허용하는 내용이 포함되어 있었습니다. 어떤 사람들은 이것을 두고 정권 연장을 꾀하는 것이 아니냐고 했는데요. 헌법 개정과 관련된 128조 2항에는 대통령의 임기 연장 또는 중임 변경 등을 개헌한 경우 해당 헌법 개정 당시의 대통령에게는 효력이 없도록 해두었습니다. 그래서 문재인 대통령의 개헌안이 통과되었어도 정권 연장은 가능하지 않았습니다. 완전히 허위의 주장을 한 거죠. 왜 이런 허위의 주장을 한 것일까요? 그 의도가 궁금합니다. 그리고 윤석열의 무책임, 무능력이 한창

일 때 임기단축개헌을 통해 조기에 물러나게 해야 한다는 이야기들이 있었어요. 부칙에 현직 대통령(윤석열)만의 임기를 줄이는 내용을 넣자는 것이었어요. 나중에 128조 부분에서 더 살펴보겠습니다.

주민의 헌법

대통령이 궐위되거나 사고로 인하여 직무를 수행할 수 없을 때에는 국무총리, 법률이 정한 국무위원의 순서로 그 권한을 대행한다.

대통령 권한 대행 영순위는 국무총리

대통령이 궐위되거나 사고로 직무 수행을 못 할 때는 국무총리가 대행을 합니다. 앞서 얘기한 적 있었죠. 대행을 누가 할 것인가는 법률에 정해져 있어요. 법률이 정한 국무위원의 순서로 대행하게 되어 있는데, 정부조직법을 보면 국무총리 다음으로는 기획재정부 장관이 겸임하는 부총리, 그다음에는 교육부 장관이 겸임하는 부총리, 과학기술정보통신부 장관, 외교부 장관, 통일부 장관, 법무부 장관, 국방부 장관 이런 식으로 순서가 쭉 정해져 있습니다. 대행의 대행 논란, 대행의 권한의 범위 등은 앞에서 이미 살펴보았어요.

대통령은 필요하다고 인정할 때에는 외교·국방·통일 기타 국
가안위에 관한 중요정책을 국민투표에 붙일 수 있다.

국가 안위에 관한 정책은 국민투표 붙일 수 있다

72조는 국민투표부의권에 관한 내용인데, 외교, 국방, 통일 등에
관한 중요 정책을 대통령이 국민투표에 붙일 수 있다는 거예요.
예를 들어 어떤 외교 정책을 그냥 추진하게 되면 국민적 저항이
심하거나 분란이 많이 생기겠다, 그러니까 국민의 의견을 들어
보겠다 할 때 국민투표를 할 수 있어요. '박주민이 잘생겼다고 생
각하십니까? 안 하십니까?' 이런 걸로는 국민투표를 당연히 할 수
없어요. 외교, 국방, 통일, 기타 국가 안위에 관한 중요 정책이라
고 했잖아요. 제가 잘생겼는지 아닌지가 국가 안위에 영향을 미
치지는 않으니까요.

┌─────────────────────────────────┐
│   ◆ 제73조 ◆   │
│   │
│ 대통령은 조약을 체결·비준하고, 외교사절을 신임·접수 또는 │
│ 파견하며, 선전포고와 강화를 한다.   │
└─────────────────────────────────┘

조약 체결, 대통령 마음대로?

대통령은 조약을 체결하고 비준합니다. 이렇게 대통령이 체결하고 비준하는 조약 가운데 어떤 조약에 대해 국회의 동의권이 있다고 했죠? 중대한 재정적 부담을 주거나, 주권을 제약하는 내용이 있거나, 영토에 관한 것이거나 할 때는 국회가 동의를 해줘야 한다고 60조에 나와 있습니다. 그러면 60조에 열거돼 있지 않은 조약들은 국회 동의가 필요할까요? 이 경우에는 국회 동의 없이 대통령 마음대로 조약을 체결하고 비준해도 됩니다. 그럴 리 없다고 생각하겠지만 우리 헌법에 그렇게 해도 된다고 돼 있어요. 그래서 사실 엄청나게 많은 조약들이 국회의 통제나 관여 없이 대통령 마음대로 체결되고 비준돼요. 이렇게 대통령 마음대로 체결하고 비준한 조약이라도 대통령에게 헌법이 부여한 권한에 따라 한 것이기 때문에 국내법과 동일한 효력을 가져요. 앞에서 얘기한 적 있었죠? 많은 조약이 이런 식으로 체결되다 보니까 계속해서 이런저런 분쟁이 생깁니다. 박근혜 정부 때 이뤄진 한일 일본군위안부 합의나 한일군사정보보호협정이 그랬습니다. 이런 식으로 대통령 마음대로 할 수 있는 측면이 많기 때문에 조약 체결에 관한 절차법이 필요합니다. 외국은 조약 체결에 관한 절차가 법률로 정확하게 규정돼 있거든요. 우리나라는 없어요. 국내법과 동일한 효력을 가질 정도로 조약이 중요한 건데도 체결 절차에 관한 법률이 없습니다. 그래서 제가 관련 법안을 발의했다고 말씀드렸었어요. 통과는 안 되고 있지만요.

주민의 헌법

제74조

① 대통령은 헌법과 법률이 정하는 바에 의하여 국군을 통수한다.
② 국군의 조직과 편성은 법률로 정한다.

국군은 대통령의 명령을 따른다

우리 헌법상 국군통수권자는 대통령입니다. 그럼 통수한다는 것
이 무엇일까요? 모든 국군을 지휘·통제할 수 있는 권한이라고 설
명돼요. 군대를 움직이는 권한, 군과 관련된 조직을 어떻게 할지
정하는 권한, 군대 내의 인사에 대한 권한 등이 모두 포함됩니다.
대통령의 신분이 군인이 아닌 민간인이라고 해도 최종적으로 국
군은 대통령의 통제를 받게 됩니다. 우리나라 군대를 국군이라
고 부르는 이유는 헌법에 그렇게 쓰여 있기 때문이라고 앞에서
얘기했지요. 국군의 조직과 편성을 어떻게 할 건지는 국군조직
법이라고 하는 법률에 정해져 있습니다.

제75조

대통령은 법률에서 구체적으로 범위를 정하여 위임받은 사항과 법률을 집행하기 위하여 필요한 사항에 관하여 대통령령을 발할 수 있다.

대통령령이 법률이 정한 범위를 벗어날 때는?

75조에서는 대통령령을 발할 수 있는 권리를 다루고 있어요. 그런데 대통령령을 마음대로 발할 수는 없어요. 단순하게 '필요한 사항에 관하여'가 아니라 "법률에서 구체적으로 범위를 정하여 위임받은 사항과 법률을 집행하기 위해서 필요한 사항"이라고 제한해놓았잖아요.

　　　이게 무슨 얘기냐 하면, 헌법을 보면 법률에 정한 바에 따른다면서 구체적인 내용을 헌법에 다 정하지 않고 법률에서 정하는 것으로 위임하는 경우가 있고, 또 각종 법률 역시 구체적인 내용을 정하지 않고 령領으로 정한다고 령에 위임하는 경우가 있어요. 이런 경우에 그렇게 위임받은 범위 내에서만 령을 만들라는 뜻이에요. 그러니까 대통령령도 법률에서 정해놓은 범위 안에서 만들라는 얘기가 되겠죠. 예를 들어보겠습니다. 대통령 선거에 관한 사항은 법률로 정한다고 되어 있잖아요? 구체적인 내용은 법률에서 정하라고 위임하는 거거든요. 법률도 이런 식이에요. 법률에서 다 정하지 못하니까 대통령 선거에 관한 사항은 대통령령으로 정한다고 위임해버려요. 이때 대통령령으로 정할 수 있습니다.

그런데 이게 논란이 많이 됩니다. 대통령령이 법이 정한 범위를 넘어버리는 경우가 있거든요. 법률이 10의 범위 내에서 대통령령을 만들라고 위임했는데, 100을 만들어버리는 거예요. 이런 경우에는 대통령령을 만드는 권한을 초과해서 행사하는 거잖아요. 실제로 이런 경우가 박근혜 전 대통령 때 많았습니다. 이런 일이 있었어요. 국회법을 국회에서 개정했어요. 법률이 위임한 범위를 벗어나서 대통령이 대통령령을 정할 때는 국회가 그 대통령령의 개정을 권고할 수 있도록 개정한 거예요. 왜? 헌법에 법률의 범위 내에서 대통령령을 정하도록 돼 있는데 그걸 벗어나면 법률을 만드는 국회가 통제를 좀 해줘야 되잖아요. 그래서 오랜만에 여야가 합심해서 이 법을 통과시켰습니다. 박근혜 전 대통령이 어떻게 했을까요? 이 법에 대해 재의를 요구해서 국회로 돌려보냈어요. 법률이 국회에서 통과되면 정부로 이송되고 대통령이 마음에 안 들면 재의를 요구할 수 있다고 했었죠? 이 재의요구권을 박근혜 대통령이 행사한 거예요. 이 법이 대통령의 권한을 위축시키는 것이라고 하면서 여야 합의로 통과된 법을 돌려보냈어요. 돌려보내면서 당시 새누리당 원내대표였던 유승민 의원을 향해 배신자라고 했습니다. '배신의 정치'를 한다고 그랬죠. 이 일로 엄청나게 소란스러웠습니다. 유승민 의원이 배신자로 찍히고 대통령이 노발대발하니 새누리당 의원들이 위축되어 결국 국회에서 이 법에 대해 재의 표결을 안 해버렸어요. 이후 새누리당에서는(배신자 혹은 배신자가 될 사람을 제외한) 친박만 공천해야 된다는 기류가 돌고 친박 감별사네 뭐네 하면서 상당히 시끄러웠죠. 그래서 이 법이 그냥 사라져버렸습니다.

그렇다면 애초에 어떤 대통령령이 문제가 돼서 국회가 국회법을 개정하려고 그랬을까요? 원인은 바로 세월호특별법에 대한 대통령령이에요. 이게 문제가 돼서 국회가 국회법을 개정하려고 했던 겁니다. 세월호 참사 이후 여야가 간신히 합의해서 세월호특조위(1기 특조위)법을 만들었어요. 그런데 사실상 1기 특조위를 아무것도 아닌 것으로 만들어버리는 시행령, 그러니까 대통령령을 만들어버렸습니다. 여야 모두 황당했죠. 여야가 합의해서 세월호 사건 조사를 위한 법을 만들었는데 대통령령은 아무것도 하지 말라고 하다니 너무 심하다는 의견이 나왔어요. 어

주민의 헌법

떻게 이런 일이 일어날 수 있을까, 이런 일이 반복되면 안 된다 해서 국회법을 개정하자고 여야가 합의를 했습니다. 그래서 국회법을 바꾸려고 했는데 박근혜 전 대통령이 배신의 정치 어쩌고 하면서 법을 돌려보내는 바람에 난리가 난 거죠. 결국 국회법 개정은 실패했고 세월호특조위법 시행령은 계속 살아 있어요. 그래서 1기 세월호특조위는 제대로 조사를 못 했습니다. 그러고 나서 기간도 남아 있었는데 강제 종료를 당했어요. 그래서 2기 특조위를 만든 거예요. 1기 특조위가 제대로 일할 수 없었기 때문에. 이게 다 실제로 있었던 일인데도 보수 언론에서는 언제 그랬냐는 식으로 얘기해요. 참 답답합니다.

그리고 최근 윤석열 정부에서는 행전안전부 소속의 경찰국 신설과 법무부 소속의 인사정보관리단 신설을 둘러싸고 시행령과 법률과의 관계가 논란이 되었어요. 우선 정부 부처의 업무 범위는 법률로 정하게 헌법 96조가 정하고 있어요. 그 법률이 바로 정부조직법입니다. 정부조직법에는 각 부처의 구체적인 업무를 정하고 있는데, 행안부의 업무에는 치안에 대한 내용이, 법무부의 업무에는 인사검증에 대한 내용이 없어요. 그런데 이런 업무들을 각 대통령으로 각 부처가 할 수 있게 정하면서 경찰국과 인사정보관리단을 신설하게 됩니다. 이것은 나중에 살펴볼 정부 조직 법정주의의 원칙에 위배될 뿐만 아니라 법률의 아래 규범인 대통령령이 법률을 넘어선 것으로 위헌적이라 할 것입니다. 특히 행안부 산하의 경찰국 신설은 그동안 경찰이 정권의 눈치를 보던 것을 해결하기 위해 독립성을 갖추어나가던 흐름에 정면으로 반하는 것으로 당시 현직 경찰들도 이에 반발하기도 했습니다.

① 대통령은 내우·외환·천재·지변 또는 중대한 재정·경제상의 위기에 있어서 국가의 안전보장 또는 공공의 안녕질서를 유지하기 위하여 긴급한 조치가 필요하고 국회의 집회를 기다릴 여유가 없을 때에 한하여 최소한으로 필요한 재정·경제상의 처분을 하거나 이에 관하여 법률의 효력을 가지는 명령을 발할 수 있다.

② 대통령은 국가의 안위에 관계되는 중대한 교전상태에 있어서 국가를 보위하기 위하여 긴급한 조치가 필요하고 국회의 집회가 불가능한 때에 한하여 법률의 효력을 가지는 명령을 발할 수 있다.

③ 대통령은 제1항과 제2항의 처분 또는 명령을 한 때에는 지체없이 국회에 보고하여 그 승인을 얻어야 한다.

④ 제3항의 승인을 얻지 못한 때에는 그 처분 또는 명령은 그때부터 효력을 상실한다. 이 경우 그 명령에 의하여 개정 또는 폐지되었던 법률은 그 명령이 승인을 얻지 못한 때부터 당연히 효력을 회복한다.

⑤ 대통령은 제3항과 제4항의 사유를 지체없이 공포하여야 한다.

정부

금융실명제는 긴급명령이었다

76조 1항은 '긴급명령권'입니다. 내우, 외환, 천재, 지변과 같이 굉장히 긴급한 사태가 생겼을 때 법과 같은 강력한 효력을 가진 뭔가를 만들어내야만 이 위기를 극복할 수 있어요. 그런데 국회를 열어서 심의하고 의결하여 법을 만들려면 너무 오래 걸리죠. 그럴 때 긴급명령을 발동할 수 있습니다. 2항에서는 전쟁이 벌어졌을 때도 앞서 말한 것처럼 긴급명령을 할 수 있다는 얘기예요. 3항은 국회 승인에 관한 거예요. 긴급명령을 발하고서 그냥 끝이 아니고 국회의 사후 승인이 필요합니다. 만약 승인을 못 받으면 4항에서처럼 효력이 상실되거든요.

　　　이 긴급명령으로 제일 유명한 게 바로 '금융실명제'예요. 김영삼 전 대통령이 금융실명제를 긴급명령으로 한 거예요. 왜 긴급명령으로 했을까요? 돈을 빼돌릴까 봐서예요. 논의하고 법을 만들고 하는 사이에 차명계좌의 돈을 해외로 빼돌리거나 할 수 있잖아요. 그 당시에도 긴급명령을 발동할 조건이 되느냐에 관해서 논란이 있었습니다. 내우·외환·천재·지변이냐, 중요한 재정·경제상의 위기가 닥쳤느냐 하고요. 그게 아니니까 사실 헌법상 요건이 안됐지만, 국민 90퍼센트 이상이 찬성하니까 반대하는 사람들도 말을 못 하고 넘어갔어요.

국회 승인 단계에서 감히 반대표를 못 던졌기 때문에 결국 승인을 받았습니다. 부동산실명제도 이렇게 긴급명령으로 이뤄졌어요. 어쨌든 금융실명제나 부동산실명제에 대해서 긴급명령의 요건이 안 된다고 다시 문제 제기를 할 수는 없습니다. 이미 국회가 승인을 했기 때문에요.

① 대통령은 전시·사변 또는 이에 준하는 국가비상사태에 있어서 병력으로써 군사상의 필요에 응하거나 공공의 안녕질서를 유지할 필요가 있을 때에는 법률이 정하는 바에 의하여 계엄을 선포할 수 있다.

② 계엄은 비상계엄과 경비계엄으로 한다.

③ 비상계엄이 선포된 때에는 법률이 정하는 바에 의하여 영장제도, 언론·출판·집회·결사의 자유, 정부나 법원의 권한에 관하여 특별한 조치를 할 수 있다.

④ 계엄을 선포한 때에는 대통령은 지체없이 국회에 통고하여야 한다.

⑤ 국회가 재적의원 과반수의 찬성으로 계엄의 해제를 요구한 때에는 대통령은 이를 해제하여야 한다.

비상계엄 시에는 영장 없이 체포할 수 있다

77조에서는 계엄에 대해 다루고 있어요. 여기서 말하는 법률은 '계엄법'이고요. 계엄의 조건은 전시, 사변, 이에 준하는 국가비상 사태라고 정해져 있어요. 계엄은 '비상계엄'과 '경비계엄'으로 나뉘는데, 비상계엄이 선포되면 법률에 따라 영장 제도, 언론·출판·집회·결사의 자유, 정부나 법원의 권한에 관하여 특별한 조치를 할 수 있습니다. 경비계엄은 비상계엄보다는 약합니다. 경비계엄일 때에는 이런 특별한 조치를 못 해요. 그냥 군대가 나와서 질서유지만 합니다. 비상계엄일 때에는 군대가 질서를 유지하는 것을 넘어서서 앞서 언급한 것처럼 영장 제도 등에 관해 특별한 조치를 취할 수 있습니다. 예를 하나 들자면, 계엄법에 따르면 영장을 미리 받지 않고도 사람을 체포할 수 있습니다. 사후에 영장을 발부받아도 되거든요.

계엄 선포 시에 대통령은 바로 국회에 알려줘야 해요. 그런데 국회가 재적의원 과반수의 찬성으로 계엄을 풀어달라고 요구하면 대통령은 계엄을 해제해야 됩니다. 이걸 못 하게 하고 싶으면 국회의원을 체포하여 계엄 해제 표결에 참석하지 못하게 하면 됩니다. 박근혜 대통령 탄핵 촛불집회에 대응하려고 만든 기무사 문건에 그렇게 적혀 있었다고 하죠. 대통령이 계엄을 선포한 다음에 국회가 계엄을 풀어버리면 안 되니까 야당의원 50명가량을 체포할 계획을 세웠다는 거예요. 만약에 그 작전대로 됐으면 저도 체포되었을 가능성이 있었겠지요. 야당의원 두세 명 중에 한 명은 체포되는 거잖아요.

이번 12·3 비상계엄에 대해 이야기해볼까요. 비상계엄이란 형식을 빌었던 내란이기에 여기서 이야기하는 것이 제일 좋을 것 같아요. 저의 경우 당시 비상계엄이 선포되었다는 연락을 받고 텔레비전을 켰는데 평상시 방송이 이어지면서 자막으로만 비상계엄이 선포되었다는 소식이 나오자 바로 내란이라는 것을 직감했었습니다. 만약 제대로된 계엄이라면 방송 등은 바로 전시 혹은 그에 준하는 사변에 대한 보도를 하고 있었겠지요. 그리고 평상시의 통제수단으로는 통제가 되지 않는다는 보도도 이어졌겠지요. 그런데 그런 보도 하나 없이 너무나 평온한 가운데 비상계엄이 선포되었다고 하고 있었기에 비상계엄의 요건을 충족하지 못한 군사동원 즉 내란이라고 생각했습니다. 그래서 바로 국회로 향했고, 국회에 도착할 무렵에는 이미 정문 등 주요 출입구는 경찰에 의해 통제되고 있다는 이야기를 들었어요. 그래서 출입구로 들어갈 생각을 전혀 하지 않고 바로 담을 넘어 들어갔어요. 이후 국회 본회의장에 있으면서 계엄해제 표결을 하였는데 본회의장은 국회에 투입된 군병력을 막기 위해 문을 걸어 잠그고 있었어요. 본회의장에 반강제로 갇혀 있었기에 군의 투입 상황을 직접 보지는 못했어서 국회 직원, 의원실 보좌진, 기자 그리고 소식을 듣고 찾아온 시민들이 군을 막아서 시간을 벌어주었다는 것을 나중에 알게 되었어요. 정말 다시 한번 감사드립니다. 방금 제가 겪었거나 나중에 들었던 12·3 비상계엄 당시 상황에 대해 간략하게 소개해드렸는데 이것만으로도 저는 내란이 충분히 인정된다고

주민의 헌법

봅니다. 헌법 77조 3항을 보면 비상계엄이 선포된 때에는 법률이 정하는 바에 의하여 영장 제도, 언론·출판·집회·결사의 자유, 정부나 법원의 권한에 관하여 특별한 조치를 할 수 있다고 되어 있어요. 여기 어디에 국회에 대해서 뭔가를 할 수 있다고 되어 있나요. 없지요! 그런데 국회에 군과 경찰을 투입한 것입니다. 내란이죠! 그 외에 특정 정치인을 체포하라고 했다거나 국회에 대한 예산 지원 전면 중단 및 비상입법기구 구성을 위한 예산 확보 지시 등까지 드러나고 있어요. 확실히 내란입니다.

대통령은 헌법과 법률이 정하는 바에 의하여 공무원을 임면한다.

임면 = 임명 + 면직

여기에서 말하는 '임면'의 뜻이 뭐예요? 임명과 면직을 합친 말이
임면이에요. 그러니까 대통령이 공무원을 법률에 따라 임명하고
면직할 수 있다는 거죠.

① 대통령은 법률이 정하는 바에 의하여 사면·감형 또는 복권을 명할 수 있다.
② 일반사면을 명하려면 국회의 동의를 얻어야 한다.
③ 사면·감형 및 복권에 관한 사항은 법률로 정한다.

일반사면 vs 특별사면

사면, 감형, 복권을 대통령이 할 수 있다는 건 다 알 거예요. 여기서 말하는 법률은 '사면법'이고요. 사면에는 일반사면과 특별사면이 있어요. 일반사면과 특별사면의 가장 큰 차이점은 사면 대상을 정하는 방식이에요. 특별사면은 홍길동, 김영희, 이런 식으로 사면할 사람을 일일이 정하는 것으로 국회 동의가 필요 없어요. 일반사면은 어떤 죄를 지은 사람들을 광범위하게 대상으로 합니다. 사람이 아니라 죄의 종류를 정한다고 보면 됩니다. 생계형 절도 사범, 무면허 운전자, 이런 식으로요. 당연히 특별사면에 비해 일반사면이 미치는 영향이 더 크기 때문에 일반사면을 할 때에는 특별한 절차를 밟아야 하고 국회 동의도 얻어야 합니다.

대통령의 사면권에 대한 위 헌법 규정에도 특별한 요건이 붙어 있지 않아요. 그럼에도 불구하고 사면법이라는 법률을 만들어서 그 구체적인 방식 등에 대해 정하고 있어요. 이렇게 헌법에 특별한 내용이 없어도 법률로 구체적인 내용을 정할 수 있도록 하면서 통제하는 것은 아무 말이 붙어 있지 않았더라도 내재적 한계가 있기에 그것을 명확화하는 입법이 가능하다고 본 것입니다. 참고로 저는 대통령이 자신의 친인척에 대해 사면권을 행사할 수도 있다는 우려가 지속되는 상황에서 사면권의 공정성과 형평성을 보장하기 위해, '대통령 친인척 사면 금지법'이라 이름 붙인, 사면법 일부개정법률안을 대표발의하기도 하였습니다. 전에 살펴본 재의요구권(거부권) 역시 내재적 한계가 있다고 보고 있기에 거부권 행사의 요건 등을 구체화하는 법률을 제정할 수 있다고 봅니다.

◆ 제 80조 ◆

대통령은 법률이 정하는 바에 의하여 훈장 기타의 영전을 수여
한다.

훈장? 포장?

여기서 말하는 법은 '상훈법'입니다. 상훈법에는 훈장의 종류와 포
장의 종류 그리고 각 훈장과 포장을 줄 수 있는 요건과 절차가 정
해져 있습니다. 훈장과 포장의 차이는 여러 가지가 있지만, 가장
대표적인 것이 훈장이 더 급이 높고, 포장은 훈장 다음이라는 점
입니다.

◆ 제81조 ◆

대통령은 국회에 출석하여 발언하거나 서한으로 의견을 표시
할 수 있다.

시정연설은 대통령의 권한이다

대통령은 국회에 출석해서 발언을 할 권한이 있습니다. 대통령
이 국회에서 발언하겠다고 하면 국회 회의가 열릴까요? 열립니
다. 대통령이 국회 출석을 하겠다고 하면 국회가 소집돼요. 대통
령이 국회에 가서 발언하겠다고 하는 것에는 국회가 모이라는 뜻
이 들어 있거든요. 국회라는 게 국회 건물을 의미하는 게 아니라
국회의원이 모여 있는 걸 의미하기 때문입니다.

　　　국회소집요구권을 보면 뭐라고 돼 있습니까? 앞서 다
룬 47조 1항을 보면 국회의 임시회는 국회의원 4분의 1 이상의 요
구뿐만 아니라 대통령의 요구로도 소집할 수 있어요. 그래서 대
통령이 몇 월, 몇 일, 몇 시에 국회에 와서 의견을 말하겠다고 하
면 자동적으로 국회가 소집됩니다. 물론 실질적으로는 협의를

합니다. 이렇게 국회에 와서 하는 연설을 '시정연설'이라고 해요.

시정연설을 아무 때나 하지는 않아요. 특별한 경우에 하는데, 대개 예산을 잘 심의해달라고 부탁하거나 중요한 일이 있을 때 합니다. 예산과 관련된 시정연설은 국회법에 정해져 있어요. 국회법 84조인데, 여기서는 꼭 대통령이 한다고 되어 있진 않지만 주로 대통령이 합니다. 이렇게 시정연설을 하는 이유는 대통령이 국회의 협조를 요청할 필요가 있어서입니다. 예산 관련한 시정 연설은 당연히 '올해 예산을 잘 통과시켜 주십쇼!'라고 부탁하는 것이겠지요.

제 82조

> 대통령의 국법상 행위는 문서로써 하며, 이 문서에는 국무총리와 관계 국무위원이 부서한다. 군사에 관한 것도 또한 같다.

대통령의 명령은 문서로

대통령의 국법상 행위는 문서로 하게 돼 있습니다. 원칙적으로 다 문서로 하라는 거예요. 그래야 신중하게 하게 되고, 기록으로 남으니까요. 그런데 박근혜 전 대통령은 구두로 지시를 많이 했다는 이야기가 있어요. 구두로 지시했다는 것 그 자체가 죄가 되진 않습니다만.

대통령이 명령하는 문서에는 국무총리와 관계 국무위원이 부서를 해야 하고요. 이걸 '부서 권한이 있다'고도 합니다. 부서는 부속된 서명이라는 말이에요. 대통령 임기 시작할 때 "대통령 1호 명령은 ○○입니다." 하면서 책상에 앉아서 서명하는 장면 나왔던 거 기억나시나요? 이렇게 문서에 서명을 하면서 명령하는데, 그걸로 끝나는 게 아니라 국무총리와 관계 국무위원이 부서를 해야 돼요. 그러니까 서명자가 세 명이 돼야 하는 거죠. 그래야 문서로 명령이 성립합니다. 이 조항에 따라서 진짜 용기 있는 장관이 잘릴 각오하고 "대통령님, 이렇게 하시면 안 됩니다." 하고 부서를 안 해줄 수도 있습니다. 그럴 권한이 있거든요.

그런데 12·3 비상계엄의 경우 비상계엄이라는 형식을 빌렸지만 국무총리와 관계 장관의 부서 역시 없었다는 것입니다. 실질적 요건도 안 갖추었지만 형식적 요건도 갖추지 못한 것이죠.

대통령은 국무총리·국무위원·행정각부의 장 기타 법률이 정하
는 공사의 직을 겸할 수 없다.

대통령이 국무총리를 겸할 수 없다

이 조항에 의하면 대통령이면서 국무총리가 되는 게 가능한가
요? 대통령이면서 법무부 장관 하는 건요? 헌법에 못 한다고 돼
있어요. 간단한 조항이라서 이 정도만 설명하겠습니다.

제84조

대통령은 내란 또는 외환의 죄를 범한 경우를 제외하고는 재직 중 형사상의 소추를 받지 아니한다.

대통령은 특별한 경우를 제외하고는 기소할 수 없다

대통령은 내란이나 외환의 죄를 범한 경우가 아니면 재직 중에 형사상의 소추를 받지 않습니다. 이게 '불소추특권'이에요. 앞에서 국회의원 특권으로 불체포특권과 면책특권이 있다고 했었죠. 대통령에게는 불소추특권이 있습니다.

　　그럼 '소추'란 무엇일까요? 소추란 소를 제기하고 이를 수행하는 일을 말해요. '기소'는 뭘까요? 수사기관이 수사를 해서 범죄 혐의가 분명해서 죄를 묻기 위해 재판에 부치는 것을 말해요. 그러니까 불소추라는 것은 수사까지는 할 수 있는데 그 다음에 기소를 못 한다는 의미로 보면 됩니다. 그런데 어떤 분들은 어차피 재판에도 못 붙이는데 수사할 필요나 이유가 없지 않냐면서 결국 수사도 받지 않을 권리를 말한다고 해요. 그러나 위에서 본 것처럼 엄밀히 보면 소추란 기소에 대한 것이기에 수사는 할 수 있지요. 박근혜 전 대통령에 대해서도 탄핵되기 전에 소추라는 단어를 어떻게 해석하느냐에 따라 수사가 되느냐 안 되느냐 논란이 있었어요. 수사도 임의수사만 되고 강제수사까지는 안 된다, 강제수사도 가능하다, 이걸로도 논쟁이 있었고요. TV 토론도 했고 신문에도 많이 보도되고 그랬습니다. 소추라는 단어 하나에 나라의 명운이 달려 있는데, 소추라는 단어를 적용해 본 전례가 없다 보니 해석을 놓고 다툴 수밖에 없었어요. 당시에 새누리당은 소추에는 수사도 포함되고 심지어 임의수사도 포함되기에 수사가 진행되어서는 안 된다고 방어했었고, 더불어민주당은 그렇지 않기에 수사, 심지어 강제수사까지 다 된다고 주장했었습니다. 이 당시의 전례가 있기에 이번 윤석열에 대해서는 임의수사 이외에 강제수사(체포, 압수수색)가 시도되었고, 체포와 구속이 되기도 했습니다. 이제 더 이상 이 부분에 대한 논란은 없을 것으로 보입니다.

주민의 헌법

전직대통령의 신분과 예우에 관하여는 법률로 정한다.

탄핵된 대통령은 예우를 못 받는다

전직이라 하더라도 대통령은 예우를 받게 되는데, 이를 정한 법이 바로 '전직대통령 예우에 관한 법률'입니다. 그럼 모든 전직 대통령이 예우를 받게 될까요? 아닙니다. 전직대통령 예우에 관한 법률에 따르면 탄핵된 경우, 금고 이상의 형이 확정된 경우, 형사 처분을 피할 목적으로 외국으로 도피했거나 보호 요청을 한 경우, 우리나라 국적을 상실한 경우에는 예우를 해주지 않게 되어 있어요. 박근혜 전 대통령의 경우 탄핵으로 물러났기에 예우를 받을 수가 없습니다.

그럼 어떤 예우를 받게 될까요? 일정한 기간 경호를 받고, 교통, 통신 등을 지원받습니다. 사무실도 지원받고, 일정한 범위의 가족들의 치료도 제공받게 되어 있어요.

정부

제2절

행정부 ☑ 제86조 – 제100조

제1관 국무총리와 국무위원
제2관 국무회의
제3관 행정각부
제4관 감사원

주민의 헌법

제1관 국무총리와 국무위원

◆ 제86조 ◆

① 국무총리는 국회의 동의를 얻어 대통령이 임명한다.
② 국무총리는 대통령을 보좌하며, 행정에 관하여 대통령의 명을 받아 행정각부를 통할한다.
③ 군인은 현역을 면한 후가 아니면 국무총리로 임명될 수 없다.

국무총리 임명은 국회 동의가 필수

자, 행정부에서 대통령 다음으로 국무총리 얘기가 나옵니다. 국무총리는 대통령 마음대로 임명하는 게 아니라 국회 동의를 얻어서 임명해요. 국회에서 표결을 해서 인준안이 통과돼야 해요. 반면 장관은 국회 동의가 없어도 돼요. 장관에 대해서 인사청문회를 하긴 해도 87조 1항에 의해 대통령이 그냥 임명할 수 있어요. 국무총리는 대통령을 보좌하고 대통령의 명을 받아서 행정 각부를 통할합니다. 현역 군인은 국무총리가 될 수 없어요.

① 국무위원은 국무총리의 제청으로 대통령이 임명한다.

② 국무위원은 국정에 관하여 대통령을 보좌하며, 국무회의의 구성원으로서 국정을 심의한다.

③ 국무총리는 국무위원의 해임을 대통령에게 건의할 수 있다.

④ 군인은 현역을 면한 후가 아니면 국무위원으로 임명될 수 없다.

국방부 장관은 군인이 아니다

87조에서는 국무위원의 임명과 역할, 해임에 대해서 다루고 있어요. 국무위원은 국무회의의 구성원입니다. 장관은 자동적으로 국무위원이 됩니다. 장관이 아닌 국무위원도 있어요. 장관인 국무위원과 장관이 아닌 국무위원을 포함한 모든 국무위원은 국무총리 제청으로 대통령이 임명하는데, 이때 국회 동의는 필요 없어요. 국무위원도 국무총리와 마찬가지로 대통령의 국정을 보좌합니다. 국무총리가 국무위원 해임을 대통령에게 건의할 수도 있고요. 군인에 대한 얘기가 여기서도 언급돼 있네요. 현직 군인은 국무총리가 될 수 없다고 했었죠? 국무위원도 마찬가지입니다. 현직 군인은 안 돼요. 군인을 그만둬야 국무위원 될 수 있습니다.

자, 질문 하나 해보죠. 국방부 장관(장관이기에 당연히 국무위원이죠)은 군인일까요? 아닙니다. 현역을 면한 후라야 국무위원이 된다고 헌법에 적혀 있잖아요. 국방부 장관이 되고 싶으면 군인을 그만두고 민간인 신분으로 전환한 다음에 해야 되는 거예요. 군인 출신이긴 해도 현재 신분은 민간인입니다. 이게 문민 통치의 핵심이에요. 군대를 민간인이 통제하는 거예요. 물론 군 장성 출신 아닌, 아예 군인 출신 아닌 사람도 국방부 장관을 할 수 있어요. 미국이나 영국 같은 경우 군대 갔다 오지 않은 사람이 국방부 장관 하잖아요. 여성도 국방부 장관 하고요. 2019년 7월까지 독일 국방부 장관이었던 우르줄라 폰 데어 라이엔도 여성입니다.

제2관 국무회의

◆ 제88조 ◆

① 국무회의는 정부의 권한에 속하는 중요한 정책을 심의한다.
② 국무회의는 대통령·국무총리와 15인 이상 30인 이하의 국무위원으로 구성한다.
③ 대통령은 국무회의의 의장이 되고, 국무총리는 부의장이 된다.

국무회의는 심의를, 대통령이 결정을

국무회의는 정부의 권한에 속하는 중요한 정책을 심의해요. 결정하는 게 아닙니다. 심의와 결정의 차이는 뭐죠? 심의권과 결정권의 차이는 뭘까요? 심의는 그냥 검토만 하는 거예요. 결정은 대통령이 합니다. 국무회의가 결정을 한다면 대통령이 국무회의 결정을 따라야 되는 거잖아요. 대통령제에서는 그게 안 돼요. 모든 결정은 대통령이 합니다.

다음 사항은 국무회의의 심의를 거쳐야 한다.

1. 국정의 기본계획과 정부의 일반정책
2. 선전·강화 기타 중요한 대외정책
3. 헌법개정안·국민투표안·조약안·법률안 및 대통령령안
4. 예산안·결산·국유재산처분의 기본계획·국가의 부담이 될 계약 기타 재정에 관한 중요사항
5. 대통령의 긴급명령·긴급재정경제처분 및 명령 또는 계엄과 그 해제
6. 군사에 관한 중요사항
7. 국회의 임시회 집회의 요구
8. 영전수여
9. 사면·감형과 복권
10. 행정각부간의 권한의 획정
11. 정부안의 권한의 위임 또는 배정에 관한 기본계획
12. 국정처리상황의 평가·분석
13. 행정각부의 중요한 정책의 수립과 조정
14. 정당해산의 제소
15. 정부에 제출 또는 회부된 정부의 정책에 관계되는 청원의 심사
16. 검찰총장·합동참모의장·각군참모총장·국립대학교총장·대사 기타 법률이 정한 공무원과 국영기업체관리자의 임명
17. 기타 대통령·국무총리 또는 국무위원이 제출한 사항

계엄, 국무회의 심의 사항이다

국무회의 심의가 필요한 사항들이 이렇게 다 정해져 있습니다. 여기 열거된 사항들에 대해 국무회의를 안 거치면 헌법 위반이에요. 아무리 심의가 형식적인 검토에 그친다 해도 꼭 해야 합니다. 예를 들어서 행정 각부의 권한을 획정하는데 대통령이 국무회의의 심의도 안 거치고 마음대로 했다면 헌법 위반입니다. 군사에 대해서 대통령이 어떤 결정을 할 수 있어요. 결정권자니까요. 그런데 6호에 따르면 군사에 관한 중요 사항은 국무회의 심의를 거치도록 되어 있습니다. 그래서 박근혜 정부 때 사드 배치 관련해서 저희가 문제 제기를 많이 했었습니다. 사드 배치 관련해서 국무회의 심의를 했는지, 아니면 대통령이 일방적으로 결정한 건지 말이에요. 이 조항에 근거해서 물어본 거였어요. 심의를 안 거쳤으면 헌법을 어긴 거니까요.

또 12·3 사태의 경우 비상계엄의 형식을 빌었는데, 계엄 역시 위에서 보는 바와 같이 국무회의 심의 대상입니다. 그런데 이 국무회의가 제대로 진행된 것인지 의문이 계속 제기되고 있어요. 지금까지 드러난 사실로만 봐도 이상한 점이 한두 개가 아닙니다. 이 당시 국무회의는 12월 3일 밤 10시 17분부터 10시 22분까지 약 5분 동안 대통령실 대접견실에서 진행되었습니다.

일반적으로 국무회의는 정식 회의실에서 개최되지만, 이번 회의는 대접견실에서 비공식적으로 이루어졌습니다. 국무위원들은 사전에 비상계엄 선포와 관련된 안건을 전달받지 못했다고 이야기 하고 있으며, 회의 중에도 공식적인 안건 상정이나 심의 절차가 없었다고 하고 있습니다. 한덕수 국무총리 역시 국회에 나와서 "정식 심의는 없었다"고 밝혔습니다. 또 회의록이나 발언요지도 작성되지 않았고, 문서도 없고, 부서도 없었다고 하죠. 이 당시 비상계엄은 이미 밝힌 바와 같이 실질적 요건도 안 갖추었지만 형식적 절차도 제대로 안 거쳤지요.

① 국정의 중요한 사항에 관한 대통령의 자문에 응하기 위하여 국가원로로 구성되는 국가원로자문회의를 둘 수 있다.
② 국가원로자문회의의 의장은 직전대통령이 된다. 다만, 직전대통령이 없을 때에는 대통령이 지명한다.
③ 국가원로자문회의의 조직·직무범위 기타 필요한 사항은 법률로 정한다.

헌법에만 남아 있는 국가원로자문회의

국가원로자문회의라는 게 있습니다. 말 그대로 국가의 원로로 구성되고, 대통령에게 국정에 관한 자문을 해줍니다. 의장은 직전대통령이 맡도록 되어 있어요. 지금은 사실상 소집이 안 되고 있지만, 예전에도 그랬습니다. 국가원로자문회의를 가동시키기 위해 만들어졌던 법이 '국가원로자문회의법'인데 이 법은 1988년 만들어졌으나 1989년에 폐지되었어요. 결국 국가원로자문회의에 관한 내용은 헌법에만 남아 있게 됩니다. 그래서 문재인 정부 당시 헌법 개정을 논의하면서 국가원로자문회의에 관한 이 조항을 삭제하는 것이 검토됐었습니다.

① 국가안전보장에 관련되는 대외정책·군사정책과 국내정책의 수립에 관하여 국무회의의 심의에 앞서 대통령의 자문에 응하기 위하여 국가안전보장회의를 둔다.
② 국가안전보장회의는 대통령이 주재한다.
③ 국가안전보장회의의 조직·직무범위 기타 필요한 사항은 법률로 정한다.

꼭 필요한 국가안전보장회의

국가의 안전보장과 관련되는 사항에 대한 대통령의 자문기관으로 국가안전보장회의를 두고 있습니다. 국가안전보장회의는 약자로 NSC National Security Council라고도 합니다. 국가안전보장회의는 국가원로자문회의와는 달리 실제로 잘 운영되고 있어요. 국가원로자문회의를 다룬 90조 1항을 한번 보세요. "둘 수 있다."라고 되어 있어요. 안 둬도 된다는 말이죠. 그러면 국가안전보장회의를 다룬 91조 1항을 보세요. "둔다."라고 되어 있습니다. 꼭 둬야 한다는 말이죠. 이런 이유로 국가안전보장회의는 활발하게 운영되고 있어요. 국가안전보장회의에는 대통령, 국무총리, 외교부 장관, 통일부 장관, 국가정보원장 등이 참석합니다.

문재인 대통령 취임 초기에 어땠는지 기억하시나요? 북한이 미사일 쏠 때마다 국가안전보장회의가 긴급 소집 됐었잖아요. 소집되면 청와대 벙커에서 대통령 주재로 회의를 합니다. 이렇듯 국가안전보장회의는 형식적 기구가 아니라 실질적 기구예요.

① 평화통일정책의 수립에 관한 대통령의 자문에 응하기 위하여 민주평화통일자문회의를 둘 수 있다.
② 민주평화통일자문회의의 조직·직무범위 기타 필요한 사항은 법률로 정한다.

평화통일을 위한 자문기구, 민주평통

민주평화통일자문회의라는 것도 있어요. '민주평통'이라고 줄여서 부르기도 하는데, 평화통일 정책에 대해 자문하는 기구입니다. 자문위원들을 위촉하는데, 각 지역에 지회를 두도록 되어 있어요. 해외에도 둡니다. 그래서 자문위원 수가 굉장히 많아요. 이 자문위원 모두에게 대통령이 위촉증을 줍니다.

① 국민경제의 발전을 위한 중요정책의 수립에 관하여 대통령의
자문에 응하기 위하여 국민경제자문회의를 둘 수 있다.
② 국민경제자문회의의 조직·직무범위 기타 필요한 사항은 법률
로 정한다.

경제 정책 자문기구, 국민경제자문회의

경제 정책과 관련한 자문을 위해서는 국민경제자문회의를 두고
있어요. 이를 위해서 '국민경제자문회의법'이 마련되어 있습니
다. 의장(대통령)과 5인의 당연직위원(부총리 겸 재정경제부 장관, 기획
예산처 장관, 대통령 비서실장·정책실장·경제보좌관) 및 대통령이 위촉한
30인의 민간위원과 지명위원으로 구성됩니다. 실제로 역할을 하
는데, 2019년 일본이 우리나라 대법원의 '일본 강제징용 피해자
에 대한 배상 판결'에 반발하여 우리나라에 수출하던 반도체 생
산에 필요한 소재, 부품, 장비의 수출을 통제했던 것과 관련해서
도 해법을 모색하고 대통령에게 건의하기도 했었습니다.

주민의 헌법

> ### ◆ 제94조 ◆
>
> 행정각부의 장은 국무위원 중에서 국무총리의 제청으로 대통령이 임명한다.

장관은 국무총리 제청으로 대통령이 임명

어떤 장관 임명이 문제될 때 야당이 꼭 문제 제기하는 부분이 있어요. 바로 장관 후보를 국무총리가 제청했는지 여부입니다. 헌법에는 위에서 보는 바와 같이 국무총리가 제청한다고 되어 있지만 대통령제 국가이다 보니 제청이 형식적으로만 진행되거나 제청은 없었는데 구색 맞추기로 제청이 있었던 것처럼 하기도 합니다. 만약 그렇다면 헌법을 위반한 것이 됩니다. 또 장관 후보자에게 문제가 있다고 판단되면 이 조항을 근거로 국무총리에게 책임을 묻기도 합니다. "네가 제청한 인물이 문제 있으니 네가 책임져라."라는 논리입니다.

　　국무위원과 장관의 관계에 대한 이야기가 계속 나오는데, 장관이 되면 자동적으로 국무위원이 됩니다. 따라서 장관인 국무위원의 경우 국무위원인 것이 먼저냐, 장관인 것이 먼저냐 따지는 것은 별 의미가 없어요. 그래서 어느 부분을 강조하느냐에 따라 장관은 국무위원이 된다고 하기도 하고, 국무위원 중에 장관을 임명한다고 하기도 합니다.

국무총리 또는 행정각부의 장은 소관사무에 관하여 법률이나 대통령령의 위임 또는 직권으로 총리령 또는 부령을 발할 수 있다.

총리가 발하는 총리령, 장관이 발하는 부령

이 조항에 따라서 국무총리나 장관이 명령을 발할 수 있는데, 국무총리가 하는 건 국무총리령, 법무부 장관이 하는 건 법무부령이 됩니다. 법률은 보통 대통령령에 구체적인 내용을 정하도록 위임하는데 예외적으로 해당 법률의 구체적인 내용을 그 법률과 관련된 부처의 장관이 만드는 령(부령)에 위임하도록 하는 경우도 있어요. 이렇게 부령을 만들게 됩니다. 또 각 부처의 내부 규율이나 업무 방식을 정해야 할 때도 부령을 만듭니다.

행정각부의 설치·조직과 직무범위는 법률로 정한다.

행정 각부의 조직은 법률로

이 조항에 따른 법률이 '정부조직법'입니다. 새로이 대통령이 당선되고 나면 본인의 공약을 실현하기 위해 정부조직을 바꿉니다. 새로운 부처를 만들기도 하고요. 그래서 정부조직법 개정이 정부 초기의 가장 큰 관심사가 됩니다. 반면에 야당은 이 정부조직법 개정을 대가로 많은 약속을 받아내려 하죠. 현재는 열여덟 개의 행정 각부가 있는데, 기획재정부, 교육부, 과학기술정보통신부, 외교부, 통일부, 법무부, 국방부, 행정안전부, 문화체육관광부, 농림축산식품부, 산업통상자원부, 보건복지부, 환경부, 고용노동부, 여성가족부, 국토교통부, 해양수산부, 중소벤처기업부로 구성되어 있습니다. 그리고 보시는 것처럼 조직뿐만 아니라 직무범위도 법률로 정한다고 되어 있어요. 직무범위를 바꾸거나 조정하려면 정부조직법을 개정해야 해요. 그런데 이미 말씀드린 바와 같이 정부조직법에 따르면 치안 관련 직무가 행안부의 직무가 아니었음에도 불구하고 경찰국을, 인사검증 관련 직무가 법무부의 직무가 아님에도 불구하고 인사정보관리단을 설치하면서 정부조직법을 개정하는 것이 아니라 관련 대통령령을 고치는 방식으로 윤석열 정부는 밀어붙였어요. 정부조직법과 헌법 위반이죠.

제4관 감사원

제97조

국가의 세입·세출의 결산, 국가 및 법률이 정한 단체의 회계검사와 행정기관 및 공무원의 직무에 관한 감찰을 하기 위하여 대통령 소속하에 감사원을 둔다.

감사원은 대통령 직속기관

국가의 세입과 세출을 결산하고, 공공기관의 회계를 검사하고, 공무원을 감찰하는 게 감사원의 주된 업무입니다. 감사원은 대통령 직속기관이에요. 97조에 대통령 소속하에 둔다고 되어 있잖아요. 원래 행정 각부는 누가 통할하나요? 86조 2항에 나와 있었어요. 국무총리가 대통령의 명을 받아서 행정 각부를 통할한다고 되어 있죠. 그런데 감사원은 국무총리의 통할을 받지 않아요. 대통령 직속이기 때문입니다. 행정 각부 직제표를 보면 감사원은 대통령 바로 밑에 들어가 있어요. 그런데 이러한 감사원의 지위에 대해 문제 제기가 많아요. 감사원은 대통령 직속기관이지만, 헌법상 독립성와 중립성을 보장받는 기관이에요. 그런데도 2022년 7월 국회 법사위에 출석한 최재해 감사원장이 "감사원은 대통령이 국정운영을 지원하는 기관"이라고 발언해 큰 논란을 일으켰어요. 감사원장의 이러한 인식은 감사원의 존재의 이유를 부정하는 것으로 감사원의 정치적 중립성 논란에 불을 지핀 한 장면이 되었죠. 그래서 감사원을 대통령으로부터 독립시켜야 한다는 주장이 커지고 있습니다.

대통령 직속기관이 하나 더 있어요. 국가정보원, 즉 국정원이죠. 헌법에는 안 나와 있지만 아주 강력한 기구예요. 감사원이나 국정원에 대해서 국무총리가 이래라저래라 할 수 있을까요? 없습니다. 통할권이 없거든요. 대통령만 뭐라 할 수 있습니다.

① 감사원은 원장을 포함한 5인이상 11인이하의 감사위원으로 구성한다.

② 원장은 국회의 동의를 얻어 대통령이 임명하고, 그 임기는 4년으로 하며, 1차에 한하여 중임할 수 있다.

③ 감사위원은 원장의 제청으로 대통령이 임명하고, 그 임기는 4년으로 하며, 1차에 한하여 중임할 수 있다.

감사원장 임명에는 국회 동의가 필수

감사원은 합의제 기구입니다. 감사원장을 포함해서 5~11명의 감사위원으로 구성하도록 되어 있죠. 감사원의 영문 표기도 합의제를 뜻하는 'The Board of Audit and inspection of Korea'라고 표기하고 있어요. 감사원을 독임제(의사 결정이나 집행 기능을 한 사람이 담당하는 제도)가 아닌 합의제로 둔 이유는 감사원의 주요 결정을 한사람이 마음대로 하지 못하게 하기 위해서에요. '준사법적 기능을 수행하는 감사원의 업무 성질에 비추어 볼 때 직무의 능률성, 신속성 보다는 신중성, 공정성이 더 한층 요구 되기' 때문이죠. 이건 감사원 직원들 교육을 위해 감사교육원에서 발간한 교과서에 나오는 매우 근본적인 이야기이기도 해요. [1]

대통령이 감사원장을 임명하기 위해서는 국회 동의가 필요해요. 인사청문회를 거친 다음 국회에서 표결을 해서 통과되어야 하는 거죠. 감사위원은 그냥 감사원장이 제청하고 대통령이 임명하면 돼요. 국회 표결 과정이 필요 없거든요. 그러니까 국회에서 "그 사람은 별로야."라고 반대해도 그냥 임명할 수 있어요. 감사원장과 감사위원 임기는 둘 다 4년입니다.

---

1) 감사원법의 이해 / 감사교육원, 2006

감사원은 세입·세출의 결산을 매년 검사하여 대통령과 차년도 국회에 그 결과를 보고하여야 한다.

예산이 잘 짜이고 집행됐는지 검사

감사원은 국가의 세입과 세출 결산을 매년 검사한 다음 대통령과 국회에 보고해야 합니다. 세금으로 얼마를 걷어서 얼마를 썼는지 결산한 게 제대로 됐는지 검사를 해야 예산이 잘 짜이고 집행됐는지를 알 수 있잖아요. 그리고 다음 회계연도에 이런 내용을 반영할 수도 있고요.

감사원의 조직·직무범위·감사위원의 자격·감사대상공무원의 범위 기타 필요한 사항은 법률로 정한다.

감사원 조직과 직무는 법률로

감사원 조직이 어떻게 구성되는지, 직무의 범위는 어디까지인지, 어떤 공무원들이 감사 대상이 되는지 등을 법률로 정해두고 있는데, 이 법이 바로 '감사원법'이에요. 참고로, 저는 합의제 기구인 감사원을 독임제처럼 감사원장 마음대로 운영할 수 없도록 감사원법 개정안을 발의하기도 했어요. 또한 수사기관과 다르게 영장없이 집행되는 감사원 디지털 포렌식 제도도 바로잡는 법안도 발의했습니다.

제5장

법원

☑ 제101조 – 제110조

① 사법권은 법관으로 구성된 법원에 속한다.
② 법원은 최고법원인 대법원과 각급법원으로 조직된다.
③ 법관의 자격은 법률로 정한다.

사법권은 법원에 있다

사법권은 법관으로 구성된 법원에 속한다고 되어 있습니다. 이미 보았듯이 입법권은 국회에, 행정권은 정부에 있고요.

　　법원의 구성을 보면 대법원이 최고법원이고 그 아래에 각급 법원이 있습니다. 각급 법원에는 고등법원, 지방법원이 있고, 그 외에 가정법원, 행정법원, 회생법원 등이 있다고 보면 됩니다. 좀 더 세밀하게 보면 지방법원 및 가정법원의 사무 중 일부를 처리하기 위해서 각 지방법원 혹은 가정법원의 관할구역에 지원, 시법원 혹은 군법원을 둘 수 있어요. 각급 법원의 관할구역을 어떻게 할지는 대법원이 정한 내부 규정인 대법원규칙에 따릅니다.

　　만약에 대법원이라는 명칭이 마음에 안 들어서 바꾸려고 하면 될까요? 헌법을 바꾸지 않는 한 안 되죠. 이젠 다들 아실 거예요. 헌법에 딱 대법원이라고 돼 있어서 안 됩니다. 하지만 1심 법원과 2심 법원의 명칭은 헌법 개정 없이도 바꿀 수 있어요. 당연히 헌법에서 명칭을 정하고 있지 않기 때문이죠.

　　　법관의 자격을 규정하는 법률은 '법원조직법'이에요. 물론 각급 법원의 종류 등을 정하는 것도 법원조직법입니다.

◆ 제102조 ◆

① 대법원에 부를 둘 수 있다.

② 대법원에 대법관을 둔다. 다만, 법률이 정하는 바에 의하여 대법관이 아닌 법관을 둘 수 있다.

③ 대법원과 각급법원의 조직은 법률로 정한다.

대법원장 1명, 대법관 13명

대법원에 부를 둘 수 있다는 의미가 무엇일까요? 부라고 하는 것은 법원 내의 재판을 하는 단위를 말해요. 항상 모든 재판을 대법관 전원이 모여서 할 수는 없잖아요. 그리고 2항에는 대법원에 대법관이 아닌 법관을 둘 수 있다고 되어 있어요. 대표적인 것이 재판연구관입니다. 대법관이 맡은 사건의 수가 많다 보니 재판연구관으로 하여금 사건을 연구하여 대법관의 판단을 도와주는 것입니다. 대법원과 각급법원의 내부 조직을 정하는 법률은 위에서 이미 설명한 법원조직법입니다.

> ◆ **제103조** ◆
>
> 법관은 헌법과 법률에 의하여 그 양심에 따라 독립하여 심판
> 한다.

법관은 독립적으로 재판한다

굉장히 중요한 조항입니다. 법관은 헌법, 법률 그리고 자신의 양심에 따라 재판하되 다른 요소로부터 영향을 받지 않고 독립해서 재판해야 한다는 것입니다. 우선 여기서 말하는 양심은 앞에서 다룬 것처럼 '착한 마음'이라는 의미가 아니에요. 이때의 양심은 신념을 의미합니다.

독립하여 재판한다고 함은 주로 법원 외부의 압력으로부터 독립적임을 의미해왔습니다. 실제로 권위주의적 정부 시절에는 행정부가 법원에 많은 압력을 행사했다고 해요. 그러다 보니 이 '독립'이라는 말이 주로 외부의 압력 등으로부터의 독립으로 해석되기도 했어요. 그런데 얼마 전 문제가 된 사법농단의 경우 이것이 매우 좁은 생각이었음을 알게 해주었어요. 이 사법

법원

농단은 법원이 상고법원 설치라고 하는 스스로의 목적을 달성하기 위하여 적극적으로 재판을 거래의 대상으로 만든 데서 비롯되었어요. 재판을 거래의 대상으로 만들기 위해서는 당연히 해당 사건을 다루는 판사에게 영향을 미쳐서 재판의 결과를 거래 가능한 상품으로 만들어야 했는데 법원행정처가 법관의 인사권을 가지고 이런 작업을 했던 것입니다.

정말로 재판이 독립적으로 이루어지기 위해서는 외부뿐만 아니라 내부의 영향력도 차단해야 하기에 특히 법원행정처와 같은 기구를 해체하고 법관의 인사권을 대법원의 손으로부터 풀어놓을 필요가 있습니다. 20대 국회 그리고 21대 국회에서 이런 내용의 법원조직법 개정안이 국회에 제출된 바 있는데 아직까지 개선이 안 되고 있어요.

① 대법원장은 국회의 동의를 얻어 대통령이 임명한다.
② 대법관은 대법원장의 제청으로 국회의 동의를 얻어 대통령이 임명한다.
③ 대법원장과 대법관이 아닌 법관은 대법관회의의 동의를 얻어 대법원장이 임명한다.

대법원장부터 대법관까지 국회 동의로 임명

대법원장은 대통령이 임명합니다. 이때 국무총리, 감사원장과 같이 대법원장도 국회의 동의를 얻어야 합니다. 대부분 어떤 기관의 우두머리만 임명 시 국회 동의를 얻도록 하고 있는데, 대법원의 경우 특이하게 우두머리인 대법원장뿐 아니라 대법관까지 국회 동의를 얻게 돼 있어요. 대법관 한 명 한 명 다 국회 동의를 얻으라는 거예요. 대법관이 얼마나 중요하고 강력한 자리인지 알 수 있는 대목입니다. 그러면 헌법재판소는 어떨 것 같아요? 대법원이랑 달라요. 헌법재판소장만 국회 동의를 받아야 하고 헌법재판관들은 임명할 때 국회 동의가 필요없습니다. 헌법재판소와 비교했을 때도 대법원의 위상이 얼마나 높은지 알 수 있겠죠?

① 대법원장의 임기는 6년으로 하며, 중임할 수 없다.
② 대법관의 임기는 6년으로 하며, 법률이 정하는 바에 의하여 연임할 수 있다.
③ 대법원장과 대법관이 아닌 법관의 임기는 10년으로 하며, 법률이 정하는 바에 의하여 연임할 수 있다.
④ 법관의 정년은 법률로 정한다.

대법원장 중임은 금지

대법원장은 아무리 훌륭해도 단 한 번만 할 수 있어요. 한 번 대법원장을 하고 그 다음 몇 년을 쉬다가 다시 대법원장에 도전할 수 있을까요? 안 됩니다. 두 번을 못한다는 것은 연이어서든 따로든 두 번은 할 수 없다는 뜻이기 때문입니다. 반면에 대법관은 연임할 수 있다고 되어 있어요. 여기서 연임은 어떤 직책을 연이어 한다는 의미입니다. 대법관은 두 번 이상 할 수 있고, 심지어 법률이 정하는 바에 따라 연이어도 할 수 있어요. 그러나 이회창 전 대법관 정도 외에는 연임한 대법관은 극히 적습니다.

① 법관은 탄핵 또는 금고이상의 형의 선고에 의하지 아니하고는 파면되지 아니하며, 징계처분에 의하지 아니하고는 정직·감봉 기타 불리한 처분을 받지 아니한다.
② 법관이 중대한 심신상의 장해로 직무를 수행할 수 없을 때에는 법률이 정하는 바에 의하여 퇴직하게 할 수 있다.

법관도 탄핵 대상

대통령처럼 법관도 탄핵이 돼요. 왜 그럴까요? 법관의 지위를 약하게 만들기 위한 것일까요? 그렇지 않습니다. 오히려 법관에 대한 신분보장을 매우 강하게 하기 위함입니다. 1항을 보시죠. 법관을 파면시키기 위해서는 금고 이상의 형의 선고 이외에는 탄핵 밖에는 방법이 없어요. 보통 공무원은 어떻죠? 금고 이상의 형의 선고 이외에도 징계 절차에 의하여 파면할 수 있어요. 법관에 대한 신분보장을 강하게 하면서 파면을 위해서는 탄핵이라는 어려운 길을 하나 열어둔 것입니다. 2항에서 법관의 퇴직도 엄격하게 제한하고 있는데 이것 역시 퇴직이라는 이름으로 함부로 법관을 그만두게 하는 걸 막기 위한 것으로 볼 수 있어요.

제107조

① 법률이 헌법에 위반되는 여부가 재판의 전제가 된 경우에는 법원은 헌법재판소에 제청하여 그 심판에 의하여 재판한다.

② 명령·규칙 또는 처분이 헌법이나 법률에 위반되는 여부가 재판의 전제가 된 경우에는 대법원은 이를 최종적으로 심사할 권한을 가진다.

③ 재판의 전심절차로서 행정심판을 할 수 있다. 행정심판의 절차는 법률로 정하되, 사법절차가 준용되어야 한다.

헌법 위반의 경우에는 헌법재판소에 묻는다

법률이 헌법에 위반되는지를 확인하는 기구는 무엇일까요? 바로 헌법재판소입니다. 헌법재판소에 대해서는 제6장에서 자세히 살펴보겠습니다. 재판을 함에 있어 적용하려는 법률에 위헌성이 있다고 의심되면 법원이 그 위헌성 여부를 헌법재판소에 물어보도록 되어 있는데 그것이 바로 1항의 내용입니다. 이를 '위헌법률심판제청'이라고 하고, 사건 당사자가 재판에 적용될 법률의 위헌성 여부를 헌법재판소에 물어봐달라고 신청하는 것을 '위헌법률심판제청신청'이라고 합니다. 이름이 좀 길고 어렵죠.

법률 이외에 명령, 규칙 등의 위헌성이 문제될 때는 어떨까요? 2항에서는 대법원이 최종적으로 심사할 권한을 가진다고 하고 있어요. 따라서 명령, 규칙 등의 위헌성에 대해서는 헌법재판소의 판단을 구할 필요 없이 바로 법원이 판단해서 재판을 하면 됩니다.

대법원은 법률에 저촉되지 아니하는 범위안에서 소송에 관한 절차, 법원의 내부규율과 사무처리에 관한 규칙을 제정할 수 있다.

규칙제정권의 중요성

대법원의 '규칙제정권'에 관한 내용입니다. 헌법에서는 국회, 대법원, 헌법재판소, 중앙선거관리위원회 등의 규칙제정권을 명문으로 인정하고 있어요. 그럼 다른 국가기관은 내부 규율을 위해서 규칙을 제정할 수 없을까요? 있습니다. 그럼에도 불구하고 이렇게 네 개의 국가기관의 규칙제정권을 직접 거론한 이유는 이들의 독립적 지위를 강조하기 위해서이자 이들이 제정한 규칙은 내부를 떠나서 국민들에게도 효력을 미칠 수 있다고 보기 때문입니다.

재판의 심리와 판결은 공개한다. 다만, 심리는 국가의 안전보장 또는 안녕질서를 방해하거나 선량한 풍속을 해할 염려가 있을 때에는 법원의 결정으로 공개하지 아니할 수 있다.

심리와 판결은 공개가 원칙

공개재판의 원칙을 선언한 조항으로, 공개하는 것은 재판의 심리와 판결입니다. 판결은 누구나 잘 알 거에요. 그렇다면 심리는 무엇일까요? 심리란 재판이 진행되는 과정이라고 할 수 있습니다. 그런데 이 심리는 항상 공개하는 것은 아니고 국가의 안전보장이나 안녕질서, 선량한 풍속을 해할 수 있으면 비공개로 할 수 있어요. 판결을 공개하기 때문에 누구나 쉽게 판결문을 구해서 읽을 수 있어야 하지만 실제로는 그렇지 않아요. 개인정보보호라는 이유든, 전산화 미비라는 이유든 공개가 제대로 되지 않고 있어요. 개인정보에 해당하는 부분은 가리고 공개하면 국민들이 유사한 사안에서 법원이 어떤 태도를 가지고 있는지 알 수 있기에 여러모로 편리할 것입니다.

① 군사재판을 관할하기 위하여 특별법원으로서 군사법원을 둘 수 있다.
② 군사법원의 상고심은 대법원에서 관할한다.
③ 군사법원의 조직·권한 및 재판관의 자격은 법률로 정한다.
④ 비상계엄하의 군사재판은 군인·군무원의 범죄나 군사에 관한 간첩죄의 경우와 초병·초소·유독음식물공급·포로에 관한 죄중 법률이 정한 경우에 한하여 단심으로 할 수 있다. 다만, 사형을 선고한 경우에는 그러하지 아니하다.

미국과 우리나라에만 있는 군사법원

110조를 보시면 군사재판을 위한 특별법원으로 군사법원을 둘 수 있다고 되어 있습니다. 군사법원 없앨 수 있을까요, 없을까요? 평상시에 말이에요. 둘 수 있다는 얘기는 안 둘 수도 있다는 거잖아요. 그래서 가능합니다. 지금 전시가 아니잖아요. 전쟁 중이 아닌데도 군사법원을 두는 나라는 전 세계에 우리나라랑 미국밖에 없다고 앞에서 얘기한 적 있었죠? 군사법원법 개정 등 다른 내용은 제27조를 다룬 부분을 참조해주세요.

2항에서 군사법원의 상고심은 대법원이 관할한다고 되어 있어요. 따라서 군사법원에서 다룬 사건도 최종심은 대법원으로 가게 됩니다.

3항에서 군사법원의 조직 등은 법률에 따라 정한다고 되어 있는데 이것이 '군사법원법'입니다.

4항은 비상계엄하에서 예외적으로 단심으로 할 수 있는 경우를 정하고 있어요(비상계엄하라는 조건 + 피고인이 군인이나 군무원이라는 조건 + 초병·초소·유독음식물공급·포로에 관한 죄 중 법률이 정한 경우에 해당할 것). 단심으로 한다는 것은 단 한 번의 판결 선고로 사건을 종결하고 확정하는 것을 말합니다. 한 번으로 끝나기에 매우 예외적인 경우만 단심이 허용됩니다.

제6장

헌법재판소

☑ 제111조 – 제113조

① 헌법재판소는 다음 사항을 관장한다.

  1. 법원의 제청에 의한 법률의 위헌여부 심판

  2. 탄핵의 심판

  3. 정당의 해산 심판

  4. 국가기관 상호간, 국가기관과 지방자치단체간 및 지방자치단체 상호간의 권한쟁의에 관한 심판

  5. 법률이 정하는 헌법소원에 관한 심판

② 헌법재판소는 법관의 자격을 가진 9인의 재판관으로 구성하며, 재판관은 대통령이 임명한다.

③ 제2항의 재판관중 3인은 국회에서 선출하는 자를, 3인은 대법원장이 지명하는 자를 임명한다.

④ 헌법재판소의 장은 국회의 동의를 얻어 재판관중에서 대통령이 임명한다.

국가기관 간의 권한 다툼은
헌법재판소가 판단한다

이번 장은 헌법재판소에 대한 것입니다. 헌법재판소는 언제 생겼을까요? 1960년 개헌으로 헌법에 도입은 되었는데 헌법재판소가 구성되기도 전에 1961년 5.16군사쿠데타가 일어나면서 제대로 구성되지도 못했습니다. 그러다가 1987년 개헌으로 1988년에 생겼습니다.

　헌법재판소는 조항에서 보는 것처럼 위헌법률심판, 탄핵심판, 정당해산심판, 권한쟁의심판과 헌법소원을 다룹니다. 앞에서 위헌법률심판, 탄핵심판, 정당해산심판은 조금씩 다루었지만 권한쟁의심판과 헌법소원은 다루지 않았으니 이것들에 대해 살펴볼게요.

　우선 권한쟁의심판이라는 것은 국가기관 상호 간, 국가기관과 지방자치단체 간, 지방자치단체 상호 간의 권한이 충돌할 때 누구의 권한인지 확인하는 재판이라고 보면 됩니다. 의외로 많이 쓰이는 제도로, 과거 자사고 폐지를 둘러싸고 이것이 교육부의 권한인지 아니면 각 지방 교육청의 권한인지를 두고 논란이 있었을 때 교육청이 교육부를 상대로 권한쟁의심판을 청구하겠다고 밝힌 바 있어요. 또 많은 관심을 받았던 사안이 있는데,

국회의원이 국회의장 등을 상대로 권한쟁의심판을 청구할 수 있는지에 대해 논란이 된 적이 있어요. 국회의장이 날치기를 하여 국회의원의 표결권을 침해했다는 취지였습니다. 여기서 쟁점이 되는 것은 '국회의원을 하나의 국가기관으로 볼 수 있느냐'였어요. 결론은 '그렇게 보아야 한다'였습니다. 국회의원은 개별로 한 명 한 명이 다 국가기관이라고 본 것이죠. 이 권한쟁의심판을 통해 권한을 다투는 두 기관 중 어느 기관의 권한임이 확인되면 당연히 다른 기관은 권한이 있는 기관의 결정에 따라야 합니다.

다음으로 헌법소원은 국가기관의 행위로 기본권을 침해당한 국민이 그 국가기관의 행위가 위헌임을 확인하여 달라고 하는 것입니다. 상당히 많이 쓰이는 제도입니다. 저는 변호사 시절 집회 참가자들을 상대로 경찰이 집회 참가자에게 물대포를 직사直射한 행위, 집회 장소를 경찰차로 벽처럼 에워싸는 행위 등이 위헌이라고 주장하며 헌법소원을 내서 승소한 바 있어요. 국가기관의 행위가 자신의 기본권을 침해했다고 생각하는 경우 한번 고민해볼 만한 수단입니다.

헌법재판소나 법원이나 어떤 사건에 대해 구체적인 사실관계를 확인하여 법을 적용하여 결론을 내린다는 점에서는 같아요. 다른 점은 무엇일까요? 우선 헌법재판소는 헌법을 주 적용 법으로 삼는다는 점에서 다릅니다. 결정의 효력 측면에서도 다른데, 법원의 결정은 해당 사건에만 영향을 미치지만 헌법재판소는 '대세효對世效, 세상에 대한 효력'라고 하여 모든 국가기관과 법률에 효력을 미치게 됩니다. 왜냐하면 모든 법률과 국가기관의 기준이 되는 헌법에 비추어 위헌이다 아니다를 판단하기 때문이죠.

① 헌법재판소 재판관의 임기는 6년으로 하며, 법률이 정하는 바에 의하여 연임할 수 있다.

② 헌법재판소 재판관은 정당에 가입하거나 정치에 관여할 수 없다.

③ 헌법재판소 재판관은 탄핵 또는 금고이상의 형의 선고에 의하지 아니하고는 파면되지 아니한다.

헌법재판소 재판관은 정당에 가입할 수 없다

헌법재판소 재판관의 임기는 6년이지만 연임이 가능합니다. 그리고 법관과 마찬가지로 탄핵이나 금고 이상의 형을 선고받지 않고서는 파면되지 않음으로써 신분상 보장을 받게 됩니다.

╔══════════════════════╗
◆ 제113조 ◆
╚══════════════════════╝

① 헌법재판소에서 법률의 위헌결정, 탄핵의 결정, 정당해산의 결정 또는 헌법소원에 관한 인용결정을 할 때에는 재판관 6 인이상의 찬성이 있어야 한다.

② 헌법재판소는 법률에 저촉되지 아니하는 범위안에서 심판 에 관한 절차, 내부규율과 사무처리에 관한 규칙을 제정할 수 있다.

③ 헌법재판소의 조직과 운영 기타 필요한 사항은 법률로 정 한다.

헌법재판소 재판관 6인 이상이 동의해야 위헌 판단을 할 수 있다

1항은 매우 중요한 내용을 담고 있어요. 어떤 심판에서 위헌이라는 결론을 내리려면 아홉 명의 재판관 중에 여섯 명 이상이 위헌이라고 판단해야만 한다는 것입니다. 그럼 재판관의 수가 여러 가지 이유로 줄어들면 몇 명까지 줄어들 수 있을까요? 여섯 명 이상이 찬성하면 되니까 여섯 명 이상만 되면 될까요? 그렇지 않습니다. 헌법재판소법은 재판관이 일곱 명 이상이어야 사건에 대한 심리를 할 수 있다고 되어 있어요. 즉, 일곱 명 이상의 재판관이 심리를 하고 그렇게 심리한 재판관 중 여섯 명 이상이 위헌이라고 해야 한다는 인용결정이 되죠. 그래서 최소한 일곱 명 이상의 재판관이 있어야 합니다. 박근혜 전 대통령에 대한 탄핵심판이 진행될 때 재판관 중 일부가 임기 만료로 그만두면서 그 수가 줄어들었던 적이 있었어요. 그래서 일곱 명이라는 마지노선이 깨지는 것 아닌가 하는 걱정도 있었지만, 그런 일은 일어나지 않았어요. 참고로, 이진숙 방통위원장의 탄핵 관련 사건에서 이진숙 방통위원장이 자신의 사건에 대해 7인 이상의 헌법재판관이 있어야만 심리를 진행할 수 있다고 한 헌법재판소법 조항의 효력을 정지시켜서 6인의 헌법재판관이 있는 상태에서도 사건에 대한 심리가 진행될 수 있게 해달라고 가처분신청을 한 바 있는데, 이 가처분신청이 받아들여져서 꼭 7인 이상의 헌법재판관이 있어야 심리가 진행된다는 것은 이제는 옛날 이야기가 되었습니다.

　　　헌법재판소도 대법원과 마찬가지로 자신만의 규칙을 제정할 수 있다는 것이 2항의 내용입니다. 그리고 3항은 헌법재판소의 운영과 관련된 법률이 있어야 한다고 되어 있는데 이 법률이 바로 '헌법재판소법'입니다.

주민의 헌법

제7장
선거관리

☑ 제114조 — 제116조

① 선거와 국민투표의 공정한 관리 및 정당에 관한 사무를 처리하기 위하여 선거관리위원회를 둔다.

② 중앙선거관리위원회는 대통령이 임명하는 3인, 국회에서 선출하는 3인과 대법원장이 지명하는 3인의 위원으로 구성한다. 위원장은 위원중에서 호선한다.

③ 위원의 임기는 6년으로 한다.

④ 위원은 정당에 가입하거나 정치에 관여할 수 없다.

⑤ 위원은 탄핵 또는 금고이상의 형의 선고에 의하지 아니하고는 파면되지 아니한다.

⑥ 중앙선거관리위원회는 법령의 범위안에서 선거관리·국민투표관리 또는 정당사무에 관한 규칙을 제정할 수 있으며, 법률에 저촉되지 아니하는 범위안에서 내부규율에 관한 규칙을 제정할 수 있다.

⑦ 각급 선거관리위원회의 조직·직무범위 기타 필요한 사항은 법률로 정한다.

중앙선거관리위원회 위원은 정당원이 될 수 없다

선거관리위원회는 일반 국민들에게는 크게 관심이 가는 기구가 아닐 수 있어요. 그러나 민주주의하에서 선거는 권력을 구성하는 방법이자 통치권의 정당성의 근거가 되기에 매우 중요합니다. 그래서 헌법에서 따로 장을 할애하여 다루는 것입니다. 선거철이 되면 중앙선거관리위원회라는 말을 접할 일이 많아요. 중앙선거관리위원회는 선거나 국민투표가 공정하게 이뤄지도록 관리하는 일을 합니다. 그리고 선거와 국민투표 외에 정당의 등록, 정당 구성원에 대한 교육 등 정당에 관한 일도 처리합니다. 중앙선거관리위원회의 위원은 대통령이 세 명 임명하고, 국회에서 세 명 선출하고, 대법원장이 세 명을 지명합니다. 임명, 선출, 지명 등 각 기관이 중앙선거관리위원을 정하는 방식이 다르죠. 대통령의 경우 임명장을 주는 방식으로 정합니다. 국회의 경우 본회의에서 투표를 하니 '선출'이라고 하고, 대법원장의 경우 위원을 누구누구로 하겠다고 정하는 방식을 사용하기에 '지명'이라고 합니다. 위원은 정당에 가입하거나 정치에 관여할 수 없다고 되어 있는데, 선거가 공정하게 이뤄지도록 관리해야 하는 만큼 당연하고요. 또 선거 관리에 필요한 범위 내에서 규칙을 제정할 수 있어요.

① 각급 선거관리위원회는 선거인명부의 작성등 선거사무와 국민투표사무에 관하여 관계 행정기관에 필요한 지시를 할 수 있다.
② 제1항의 지시를 받은 당해 행정기관은 이에 응하여야 한다.

선거인명부 작성 위해
행안부에 자료 제출을 지시한다

왜 '각급 선거관리위원회'라는 표현을 쓸까요? 선거관리위원회는 중앙선거관리위원회가 있고 각 시도마다 시도선거관리위원회가 있어요. 그래서 각급 선거관리위원회라는 표현을 쓴 겁니다. 각급 선거관리위원회는 선거인명부 작성 등 선거와 국민투표 사무에 관하여 관계 행정기관에 필요한 지시를 할 수 있다고 되어 있어요.

선거인명부를 작성하기 위해서 제일 많은 데이터를 갖고 있는 부처가 어디일까요? 사람에 대한 데이터를 가장 많이 갖고 있는 부처는 바로 행안부(행정안전부)예요. 주민등록증 발급 받을 때 정보 다 등록하고, 주소 이전하면 동사무소 가서 신고하잖아요. 이런 내용을 행안부가 다 갖고 있어요. 중앙선거관리위원회에서 행안부에다가 19세 이상 명단 달라고 지시하면 다 줍니다. 그걸로 선거인명부를 만드는 거예요. 1항의 지시를 받으면 행정기관은 응해야 해요. 만약에 선거 사무에 안전 관리가 필요하다고 경찰에 지시하면 경찰이 나와야 합니다.

① 선거운동은 각급 선거관리위원회의 관리하에 법률이 정하
는 범위안에서 하되, 균등한 기회가 보장되어야 한다.
② 선거에 관한 경비는 법률이 정하는 경우를 제외하고는 정당
또는 후보자에게 부담시킬 수 없다.

유효 득표수의 15퍼센트 넘으면
선거비용을 돌려준다

선거에 관련된 법률은 '선거법'이죠. 선거운동은 이 선거법에서
정한 범위 안에서 해야 하고 균등한 기회가 보장돼야 합니다. 균
등한 기회를 보장한다는 것은 선거를 관리함에 있어서 각 정당
이나 후보자를 차별적으로 대우하지 않는다는 의미입니다. 물
론 정당의 크기(직전 선거에서의 득표율이나 의석 수 등)에 따라 방송
의 횟수나 방송 시간 등을 조정하는 것 등 합리적인 구분은 가능
합니다.

　　2항에 의하면 선거 경비는 법률이 정하는 경우를 제외

하고는 정당이나 후보자에게 부담시킬 수 없다고 되어 있어요. 이게 '선거공영제'인데, 일정한 범위 내에서 국가가 선거 경비를 책임지는 거예요. 그래야 가난한 사람들도 선거에 출마할 수 있잖아요. 일정한 기준을 두고 선거비용을 보전해주는데, 유효 득표수의 10퍼센트 이상 얻으면 선거비용의 50퍼센트를, 15퍼센트 이상 얻으면 100퍼센트를 돌려줘요. 이때 선거비용 제한액 범위 내에서 줍니다. 물론 돈을 어떻게 썼는지 자료를 제출하여야 합니다.

제8장

지방자치

☑ 제117조 – 제118조

① 지방자치단체는 주민의 복리에 관한 사무를 처리하고 재산을 관리하며, 법령의 범위안에서 자치에 관한 규정을 제정할 수 있다.
② 지방자치단체의 종류는 법률로 정한다.

왜 지방정부가 아니고 지방자치단체일까

여기서 좀 재밌는 게 '지방정부'라는 표현을 쓰지 않고 '지방자치단체'라는 표현을 쓰고 있다는 점입니다. 지방자치가 오래 지속되어 뿌리가 내린 다른 나라랑은 굉장히 다르죠. 그래서 이런 표현이 지방자치를 폄훼하는 것 아니냐는 논란도 있어요. 자치단체라니 무슨 친목단체 같잖아요. 그래서 헌법 개정할 때 지방정부라는 표현으로 바꾸자는 얘기도 있었습니다.

그리고 지방자치단체가 자치에 관한 규정을 제정할 수 있다고 했는데 이게 조례입니다. 그런데 조례를 막 제정할 수 있는 건 아니고 법령의 범위 안에서 만들 수 있어요. 법령은 법과 령, 즉 법률 더하기 시행령을 이야기해요. 법률은 잘 알고 있을 테고 시행령은 앞에서 몇 차례 나왔었죠? 대통령이 발하는 대통령령이 있었고, 총리하고 각부의 장관이 각각 총리령과 부령을 만들 수 있다고 했었어요. 조례를 법과 령의 범위 안에서 만들라는 건 무슨 말이에요? 조례가 명령보다 하위에 있다는 뜻입니다. 이렇게 조례의 위력이 굉장히 약해요.

제118조

① 지방자치단체에 의회를 둔다.
② 지방의회의 조직·권한·의원선거와 지방자치단체의 장의 선
   임방법 기타 지방자치단체의 조직과 운영에 관한 사항은 법
   률로 정한다.

지자체마다 의회가 있다

지방자치단체마다 의회가 있어요. 서울시에는 서울시의회, 경기
도에는 경기도의회, 종로구에는 종로구의회가 있잖아요. 이걸
'지방의회'라고 해요. 지방의회의 조직이나 권한 등이 규정되어
있는 법이 바로 '지방자치법'입니다.

　　지방자치에 대해서는 이렇게 두 조문만 헌법에 있는
데 좀 더 많은 내용이 들어가서 지방자치를 더욱 실질화해야 한
다는 문제 제기가 지속적으로 있었어요. 개헌이 논의가 다시 이
뤄진다면 이러한 문제도 다뤄야 될 것입니다.

주민의 헌법

제9장

경제

☑ 제119조 – 제127조

① 대한민국의 경제질서는 개인과 기업의 경제상의 자유와 창의를 존중함을 기본으로 한다.
② 국가는 균형있는 국민경제의 성장 및 안정과 적정한 소득의 분배를 유지하고, 시장의 지배와 경제력의 남용을 방지하며, 경제주체간의 조화를 통한 경제의 민주화를 위하여 경제에 관한 규제와 조정을 할 수 있다.

규제하지 않으면 경쟁은 사라진다

자, 경제에 관한 규제와 조정을 하면 공산주의나 사회주의예요? 아닙니다. 119조에서 보는 것처럼 우리 헌법에 규제와 조정을 할 수 있다고 되어 있습니다. 적정한 소득분배를 유지하는 것, 시장 지배와 경제력 남용을 방지하는 것, 다 정부가 할 수 있어요. 그래서 기업이 시장을 독점하지 못하도록 독점규제법을 만들고 프랜차이즈 본사로부터 가맹점주를 보호하는 법도 만들고 하는 거예요. 이걸 '경제민주화 조항'이라고 합니다. 그런데 일부 보수적 정치세력들은 경제민주화 조항인 119조를 수정해서 국가의 규제나 조정 권한을 약화시켜야 한다고 해요. 저는 국가가 적절히 시장에 개입하고 조정하는 게 필요하다고 보는 입장입니다.

독일에서 국회의원들 대상으로 설문조사를 했어요. 이 조사에서 스스로를 시장주의자라고 생각하는지, 정부가 시장에 개입하면 안 된다고 생각하는지 물었어요. 몇 명이나 그렇다고 대답했을까요? 0명이에요. 그 이유를 설명해볼게요. 시장이라는 건 크게 두 가지로 구성되고 작동된다고 해요. 하나는 사유재산권입니다. 내 것과 네 것이 있어야, 그러니까 사유재산이 있어야 교환을 하거나 사고팔 수 있잖아요. 다른 하나는 경쟁이에요. 누가 더 좋은 물건을 더 싸게 만들 수 있는지 경쟁을 하도록 하는 것입니다. 경쟁은 승자에게 조금 더 많이 보상하거나 승자만 보상을 받습니다. 그래서 잔인하다고들 하는데, 그럼에도 불구하고 위에서 말한 것처럼 더 좋은 물건을 더 싸게 만들도록 하기에 효율적이라고 판단되죠.

그런데 이 두 가지 시장의 구성 요소는 모두 사회와 정부의 관여가 필요없을까요? 우선 사유재산권은 어떨까요? 앞에서 잠깐 살펴보았지만 한때는 아메리카 대륙 인구의 상당수가 노예였습니다. 인간이 소유의 대상이 되었던 것입니다. 그런데 지금은 어떤가요? 지금은 사람이 타인의 소유의 대상이 될 수 없습니다. 왜 그럴까요? 인간을 소유할 수 있다고 보았던 사회적 합의가 그렇지 않게 바뀌었고, 이렇게 바뀐 사회적 합의를 정부가 법으로 강제하고 있기 때문입니다. 이렇게 사유재산권의 내용이나 한계는 사회적 합의, 정부의 강제로 형성되는 것입니다.

그러면 경쟁은 어떨까요? 경쟁은 본질적 속성상 가만히 놔두면 사라져버립니다. 왜 그럴까요? 열 명이 경쟁을 시작했다고 가정해보죠. 1라운드에서 똑같은 판돈을 놓고 경쟁을 해서 제가 이겨요. 그러면 승자가 보다 많은 보상을 가져가거나 승자만 보상을 받아가는 경쟁의 특성대로 제가 많은 돈을 가져가겠죠. 처음에는 열 명이 비슷하게 시작하지만 제가 좀 더 가진 상태가 되는 거예요. 자, 2라운드에서는 누가 이길까요? 제가 많이 가졌으니 제가 이길 가능성이 좀 더 크겠죠. 그래서 2라운드도 제가 또 이겨요. 제가 판돈 중에 많은 돈을 가져갑니다. 3라운드로 갑니다. 이번에 누가 이길 가능성이 커졌을까요? 제가 훨씬 더 많이 가졌으니까 저겠죠. 4라운드, 5라운드로 가면 이제 더 이상 경쟁의 의미가 없어져요. 제가 계속 이깁니다. 제 경쟁자였던 사람들은 차라리 제 앞에 무릎을 꿇고 살려달라고 하는 게 더 나을 것입니다. 이렇게 결국에는 경쟁이 없어져요. 그걸 '독점'이라고 해요. 이렇게 경쟁은 그 속성상 가만히 놔두면 사라져버리니까 경쟁이 계속 유지되도록 적절하게 관리해줘야 해요. 이런 관리를 시장 내에서는 못 하기 때문에 외부에서 법과 규율로 하는 거예

주민의 헌법

요. 그래서 어느 나라나 독점거래법, 공정거래법 다 있습니다. 앞에서 본 것처럼 시장의 두 가지 구성 요소는 모두 정부의 개입과 강제에 의해 형성되고 유지됩니다. 따라서 정부가 시장에 관여하지 않는 나라는 없어요. 관여하는 게 기본이고 관여하지 않으면 시장은 사라져버립니다. 그런데 시장에 대한 규제를 하려고 하면 사회주의자다, 공산주의자다 하면서 공격해요. 이렇게 시장에 관여하지 말라고 하는 사람들은 사실은 현재 경쟁에서 이기고 있는 사람을 계속 이기게 하라는 말을 하고 있는 것일 수 있습니다. 소위 시장지상주의자라는 사람들은 대부분 시장을 돌아가게 하는 게 목적이 아니라 사실 시장에서 현재 이기고 있는 기업을 계속 이기게 하려는 경우가 많아요. 우리 시장에서 현재 이기고 있는 것은 거의 재벌이기에 사실상 재벌에 대한 규제는 하지 말라는 거예요. 재벌이 계속해서 이길 수 있게 해주려고 재벌 손대지 말라고 하는 거죠.

그런데 우리나라 재벌은 어때요? 어느 한 분야에서 경쟁에서 승리합니다. 그러면 그 영역에 다른 기업이 들어오지 못하게 하는 것은 기본이고 한 영역에서 얻은 힘을 이용하여 다른 영역에까지 막대한 영향력을 행사하려 하죠. 그래서 어느 재벌이나 물류, 호텔, 백화점, 온갖 거 다 갖고 있어요. 그래서 자기네 그룹 운송 서비스 이용하고, 자기네 그룹 호텔 이용하고 이런 식

주민의 헌법

으로 해요. 그러다 보니 재벌의 영향력은 점점 더 커지고 모든 영역에 새로운 기업이 진출하기 어려워지죠. 미국은 강력한 독점 규제법이 있어서 기업이 거대해지는 걸 막아요. 독점하고 있으니 회사를 쪼개라고 정부가 명령합니다. 이렇게 거대 독점기업을 깼을 때 오히려 미국 경제가 반등했었다고 해요. 새로운 기업이 생기고 진출할 수 있거든요.

시장을 위해서라도 외부에서 시장에 관여할 필요가 있습니다. 그래서 헌법도 시장에 대한 정부의 관여를 허용하고 있어요. 이런 게 사회주의, 공산주의가 아니라는 말입니다.

① 광물 기타 중요한 지하자원·수산자원·수력과 경제상 이용
할 수 있는 자연력은 법률이 정하는 바에 의하여 일정한 기
간 그 채취·개발 또는 이용을 특허할 수 있다.
② 국토와 자원은 국가의 보호를 받으며, 국가는 그 균형있는
개발과 이용을 위하여 필요한 계획을 수립한다.

지하자원과 수산자원 이용에 대한 특허

지하자원이나 수산자원, 수력 등등에 대해서 국가가 채취, 개발,
이용을 특허할 수 있어요. 여기서 특허란 원래는 사용할 수 없는
것에 대해 특별히 사용을 허락하여 사용할 권리를 가지게 하는
것이에요. 국가가 권리를 창설해주는 만큼 이런 분야에서 국가
가 개입할 권한이 많아요. 또 국가는 국토의 균형 있는 개발과 이
용을 위해 필요한 계획을 수립해야 돼요.

① 국가는 농지에 관하여 경자유전의 원칙이 달성될 수 있도록 노력하여야 하며, 농지의 소작제도는 금지된다.

② 농업생산성의 제고와 농지의 합리적인 이용을 위하거나 불가피한 사정으로 발생하는 농지의 임대차와 위탁경영은 법률이 정하는 바에 의하여 인정된다.

농사짓는 사람에게 농지를

농지에 대해서는 '경자유전'이 원칙입니다. 경자유전이란 농사를 짓는 사람에게 땅을 주어야 한다는 말인데, 경자유전의 원칙을 달성하기 위해서 농지법 등에 보면 실제 농사를 짓는 사람만이 농지를 소유할 수 있게 되어 있어요. 소작제도도 금한다고 되어 있죠? 예전처럼 소작을 주는 건 안 돼요. 가끔 국회 인사청문회에서 후보자 등이 농사를 짓지도 않으면서 농지를 소유한 게 문제가 되곤 합니다. 이게 다 경자유전의 원칙을 어겨서 혼나는 거예요. 단, 농지 소유자가 군대에 가야 해서 직접 농사를 지을 수 없는 경우 등 불가피한 사정이 있을 때 법률이 정하는 바에 따라서 임대차나 위탁경영이 가능해요.

국가는 국민 모두의 생산 및 생활의 기반이 되는 국토의 효율적
이고 균형있는 이용·개발과 보전을 위하여 법률이 정하는 바에
의하여 그에 관한 필요한 제한과 의무를 과할 수 있다.

국토는 함께 나눠서 살아야 하는 것

국가가 필요하다고 판단하면 국토의 이용이나 소유에 대해서 제한
하거나 의무를 부과할 수 있습니다. 지금 헌법으로도 이게 가능하
긴 한데, 문재인 정부 당시 헌법을 개정하면서 이 부분을 조금 강화
하려고 했어요. 그러니까 당시 자유한국당에서 또 사회주의 헌법
이라고 비난하더라고요. 국토에 대해서는 철학적으로 국가가 소유
나 사용에 대해서 제재를 많이 해야 된다는 입장이 더 일반적입니
다. 왜냐면 국토는 다른 생산품처럼 만들어낼 수가 없잖아요. 주어
진 한계 내에서 어떻게든 나눠서 살아야 돼요. 이렇게 한정된 것을
누군가가 너무 많이 갖고 있으면 효율적으로 이용하고 개발할 수
가 없어요. 이런 이유로 국가와 사회가 국토에 대해서는 많이 관여
할 수 있어야 된다는 철학이 오랫동안 유지되어 왔습니다.

① 국가는 농업 및 어업을 보호·육성하기 위하여 농·어촌종합 개발과 그 지원등 필요한 계획을 수립·시행하여야 한다.

② 국가는 지역간의 균형있는 발전을 위하여 지역경제를 육성할 의무를 진다.

③ 국가는 중소기업을 보호·육성하여야 한다.

④ 국가는 농수산물의 수급균형과 유통구조의 개선에 노력하여 가격안정을 도모함으로써 농·어민의 이익을 보호한다.

⑤ 국가는 농·어민과 중소기업의 자조조직을 육성하여야 하며, 그 자율적 활동과 발전을 보장한다.

공공기관 지방 이전으로 균형 발전 꾀한다

농업과 어업 보호를 위해 농어촌 개발과 지원을 해야 합니다. 지역 간의 균형 발전도 중요해요. 수도권에 있는 공공기관을 지방으로 이전하는 것도 이런 맥락입니다. 한전, LH공사 등이 이미 지방으로 이전했죠. 이에 대해 욕하는 사람들도 있는데 지역 간 균형 발전은 헌법에 쓰여 있는 의무예요. 중소기업 보호와 육성도 '할 수 있다'가 아니라 '하여야 한다'고 되어 있듯 의무입니다.

> ### ◆ 제124조 ◆
>
> 국가는 건전한 소비행위를 계도하고 생산품의 품질향상을 촉구하기 위한 소비자보호운동을 법률이 정하는 바에 의하여 보장한다.

소비자보호운동이 헌법에?

소비자보호운동은 중요하죠. 소비자가 입은 피해를 구제해주고, 식품이나 농산물 안전성을 조사하고, 소비자 교육을 하는 등 소비자의 권리를 지키기 위한 여러 가지 활동을 소비자보호운동으로 하고 있어요. 예전에는 정부가 소비자보호운동을 탄압하기도 했죠. 기업의 편에 서서 소비자보호운동을 하는 단체를 탄압했던 경우가 있었거든요. 너무 기업 위주로 정부가 돌아가다 보니까 헌법 가치에 반하는 일까지 했던 거예요.

주민의 헌법

국가는 대외무역을 육성하며, 이를 규제·조정할 수 있다.

대외무역을 육성, 규제, 조정한다

국가가 대외무역을 육성할 수 있고, 육성하기 위하여 필요한 경우에는 규제나 조정을 할 수 있다는 내용입니다. 우리나라는 무역에 의존하는 나라라고들 하죠. 그러다 보니 이런 내용이 헌법에 들어간 것입니다. 그런데 최근에는 수출에 너무 많이 의존하는 산업구조가 대기업 위주의 산업구조(대기업과 중소기업 간의 격차와 불평등 양산), 국내 소비자에 대한 무시, 저임금 구조 등을 만든다는 이유로 많은 비판을 받고 있어요. 또 국가가 대외무역을 육성하는 것이 각종 무역협정에 위배되는 경우도 많이 있고요. 그래서 이 조항이 굳이 있어야 하는지 문제 제기가 되고 있습니다. 한번 고민해볼 내용입니다.

제126조

국방상 또는 국민경제상 긴절한 필요로 인하여 법률이 정하는
경우를 제외하고는, 사영기업을 국유 또는 공유로 이전하거나
그 경영을 통제 또는 관리할 수 없다.

사영기업의 국유화는 안 된다

사영기업을 국유화 혹은 공유화하는 것은 국방상 또는 국민경제
상 매우 절실하게 필요한 경우가 아니면 안 됩니다. 이러한 조항
이 사회주의나 공산주의와 우리나라 경제를 구분하는 것입니다.

주민의 헌법

① 국가는 과학기술의 혁신과 정보 및 인력의 개발을 통하여 국민경제의 발전에 노력하여야 한다.
② 국가는 국가표준제도를 확립한다.
③ 대통령은 제1항의 목적을 달성하기 위하여 필요한 자문기구를 둘 수 있다.

과학기술 혁신의 의무

이 조항은 과학기술 발전을 위해서 국가가 노력해야 하는 의무를 정하고 있어요. 그래서 우리나라가 매년 편성하는 예산에는 과학기술을 발전시키기 위한 여러 예산이 들어가 있고, 국가가 운영하는 여러 연구소도 존재합니다.

국가표준제도를 확립한다는 것은 경제나 과학의 발전을 위해 반드시 필요하죠. 각자가 다른 기준을 가지고 있으면 거래가 되지 않거나 어려울 테니까요. 미터 등을 사용하도록 하는 것이 바로 이런 이유에서입니다.

제10장

헌법개정

☑ 제128조 - 제130조

① 헌법개정은 국회재적의원 과반수 또는 대통령의 발의로 제안된다.
② 대통령의 임기연장 또는 중임변경을 위한 헌법개정은 그 헌법개정 제안 당시의 대통령에 대하여는 효력이 없다.

대통령 임기 연장이나 중임 변경 개헌은
다음 대통령부터 적용된다

헌법 개정에 대해 여러 차례 언급했었죠? 128조에서는 헌법 개정 방법에 대해 정하고 있습니다. 헌법 개정은 국회 재적의원 과반수 또는 대통령의 발의로 제안돼요. 법률안을 낼 때는 국회의원 몇 명이 필요할까요? 열 명이죠. 헌법은요? 헌법 개정안을 발의하려면 국회의원 300명 중 과반수인 150명 + α가 돼야 해요. 그러니까 당연히 어렵죠. 대통령도 할 수 있어요. 그러니까 대통령은 법률안도 발의할 수 있고 헌법 개정안도 발의할 수 있습니다. 법률안 발의 때는 국회의원 열 명에 버금가지만 헌법개정안 발의할 때는 국회의원 150명에 버금가는 거예요. 대통령의 힘이 참 세죠?

앞서 얘기한 대로 문재인 대통령이 내었던 개헌안에 대통령 중임제로 변경하는 내용이 있었어요. 이거에 대해서 처음에 자유한국당에서 뭐라고 했어요? 문재인 대통령의 장기 집권 계획이라고 비난했었잖아요. ('김성태 "與, 대통령 중임제 채택 … 권력 취해 장기 집권 도구로"'(조선일보, 2018년 2월 5일)) 그런데 헌법에서 이렇게 써 놓았어요. 대통령의 임기를 연장하거나 중임 변경을 할 때는 개정 제안 당시의 대통령에 대해서는 효력이 없다고요. 당시 자유한국당 주장은 당연히 틀렸죠. 임기 변경이나 중임 변경의 경우는 개정안 낼 당시의 대통령에게는 적용이 안 된다고 못 박아놨잖아요. 그런데 어떻게 장기 집권을 합니까? 말이 안 되죠. 국민들이 헌법을 모른다고 생각하니까 그렇게 아무 소리나 하는 거예요. 이제 우리는 헌법을 읽었으니까 그런 말에 어떻게 대응해야 할까요? 그건 헌법에 어긋나는 말이라고 반박하세요. 국회의원이 헌법도 모르고 그런 소리 하면 되겠냐고 하면 됩니다. 참고로, 앞에서도 말했던 것처럼 윤석열의 무능력, 무책임에 실망한 사람들이 임기단축 개헌을 통해 윤석열이 일찍 대통령 자리에서 내려오도록 해야 한다는 주장을 했었다고 했죠. 임기 단축의 경우에는 임기 연장도, 중임 변경도 아니기에 개헌 당시 대통령에게도 적용이 됩니다. 구분하시면 됩니다.

♦ 제129조 ♦

제안된 헌법개정안은 대통령이 20일이상의 기간 이를 공고하여 야 한다.

개정안은 20일 이상 공고할 것

국회의원이 발의했든, 대통령이 발의했든 개정안이 나오면 이걸 20일 이상 공고해야 합니다.

① 국회는 헌법개정안이 공고된 날로부터 60일 이내에 의결하여야 하며, 국회의 의결은 재적의원 3분의 2 이상의 찬성을 얻어야 한다.

② 헌법개정안은 국회가 의결한 후 30일 이내에 국민투표에 붙여 국회의원선거권자 과반수의 투표와 투표자 과반수의 찬성을 얻어야 한다.

③ 헌법개정안이 제2항의 찬성을 얻은 때에는 헌법개정은 확정되며, 대통령은 즉시 이를 공포하여야 한다.

국민투표에서 과반수 찬성이면 바로 확정된다

헌법 개정안이 나오면 이에 대해서 국회 의결을 거쳐야 하는데, 공고된 날로부터 60일 이내에 하게 되어 있습니다. 이때는 국회 재적의원 3분의 2 이상의 찬성이 필요해요. 국회가 발의했든, 대통령이 발의했든 이 절차는 똑같아요. 자, 국회의원 3분의 2 이상이 동의하면 헌법 개정이 끝나는 걸까요? 아니죠. 2항에 중요한 게 적혀 있어요. 헌법 개정안은 국회가 의결한 후 30일 이내에 국민투표를 거쳐야 한다고요.

정리 한번 해보죠. 국회의원 과반수 또는 대통령의 발의, 20일 이상 공고, 공고일로부터 60일 이내 국회 의결, 국회의원 3분의 2 이상 찬성, 그다음이 국민투표입니다. 국민투표에서는 투표자 과반수의 찬성을 얻어야 하고요. 이렇게 여러 단계가 필요해요. 개헌하기 쉽지 않죠?

3항을 보면 특수한 것이 있습니다. 과반수 국민이 헌법 개정에 찬성했을 때 다른 절차 없이 바로 확정된다는 거예요. 대통령은 즉시 공포해야 돼요. 공포할지 말지 결정하는 거 아니에요. 왜 그럴까요? 국민이 결정했잖아요. 국민이 된다고 했으니 더 이상의 절차는 필요 없습니다. 대통령이 고민할 필요도 없고 고민해서도 안 된다는 거예요. 국민이 명령했기 때문에 바로 확정되고 바로 공포됩니다.

제1조

이 헌법은 1988년 2월 25일부터 시행한다. 다만, 이 헌법을 시행하기 위하여 필요한 법률의 제정·개정과 이 헌법에 의한 대통령 및 국회의원의 선거 기타 이 헌법시행에 관한 준비는 이 헌법시행전에 할 수 있다.

제2조

① 이 헌법에 의한 최초의 대통령선거는 이 헌법시행일 40일전까지 실시한다.
② 이 헌법에 의한 최초의 대통령의 임기는 이 헌법시행일로부터 개시한다.

제3조

① 이 헌법에 의한 최초의 국회의원선거는 이 헌법공포일로부터 6월이내에 실시하며, 이 헌법에 의하여 선출된 최초의 국회의원의 임기는 국회의원선거후 이 헌법에 의한 국회의 최초의 집회일로부터 개시한다.
② 이 헌법공포 당시의 국회의원의 임기는 제1항에 의한 국회의 최초의 집회일 전일까지로 한다.

제4조

① 이 헌법시행 당시의 공무원과 정부가 임명한 기업체의 임원은 이 헌법에 의하여 임명된 것으로 본다. 다만, 이 헌법에 의하여 선임방법이나 임명권자가 변경된 공무원과 대법원장 및 감사원장은 이 헌법에 의하여 후임자가 선임될 때까지 그 직무를 행하며, 이 경우 전임자인 공무원의 임기는 후임자가 선임되는 전일까지로 한다.

② 이 헌법시행 당시의 대법원장과 대법원판사가 아닌 법관은 제1항 단서의 규정에 불구하고 이 헌법에 의하여 임명된 것으로 본다.

③ 이 헌법중 공무원의 임기 또는 중임제한에 관한 규정은 이 헌법에 의하여 그 공무원이 최초로 선출 또는 임명된 때로부터 적용한다.

제5조

이 헌법시행 당시의 법령과 조약은 이 헌법에 위배되지 아니하는 한 그 효력을 지속한다.

제6조

이 헌법시행 당시에 이 헌법에 의하여 새로 설치될 기관의 권한에 속하는 직무를 행하고 있는 기관은 이 헌법에 의하여 새로운 기관이 설치될 때까지 존속하며 그 직무를 행한다.

맺음말

헌법은 저절로 최고 규범이 되는 것이 아닙니다. 국민들이 헌법을 찾고, 헌법을 근거로 여러 가지 주장을 해야 차츰 힘을 갖게 되어 명실상부한 최고 규범이 됩니다. 이런 의미에서 국민이 키우는 법이라고 할 수 있어요. 국민이 헌법을 키우고, 그렇게 키운 헌법에 의해 국민이 보호받는 것입니다.

사실 그동안 우리 헌법은 그렇게 힘을 갖추어왔습니다. 촛불을 들어 헌법이 정한 절차에 따라 정권을 교체한 지금 이 시점에서 우리가 바라는 사회로 가기 위해 우리는 헌법을 좀 더 키워야 할 필요가 있습니다. 그러기 위해서는 당연히 더 많은 사람들이 헌법에 다가가야 합니다.

이 책을 통해 헌법을 보신 분들이 꼭 기억해주셨으면 하는 것이 몇 가지 있습니다. 우선 우리나라는 민주공화국이라

주민의 헌법

는 것입니다. 국민이 주인인 나라죠. 그래서 모든 권력은 국민으로부터 나옵니다. 이것은 단순히 듣기 좋으라고 하는 소리가 아니라 헌법의 내용이자 체계를 이루고 있는 것입니다. 꼭 기억해두시고 모든 국가기구의 행위에 대해 평가할 때 첫 번째 기준으로 삼으셨으면 합니다.

다음으로 우리 헌법은 북한을 경계해야 하는 대상으로 보기도 하지만 다른 한편으로는 대화해야 할 상대방으로 보고 있다는 것입니다. 무조건 적으로만 보는 건 오히려 헌법에 반하는 일일 수 있습니다. 그리고 통일의 방법으로 우리 헌법이 인정한 것은 평화적 방법밖에는 없음도 꼭 기억해두세요.

다음으로 우리 국민은 헌법에 열거되어 있는 기본권을 포함해서 인간으로서의 존엄을 유지하기 위한 여러 권리를 가지고 있고, 국가는 이러한 권리를 보장할 의무가 있다는 것입니다. 이러한 권리를 제한하기 위해서는 안전보장 등을 위해 꼭 필요한 경우에 미리 만들어진 법률에서 정한 절차와 방식에 따라야만 한다는 것도 꼭 기억해두세요. 또 기본권 중에 재산권의 경우 우리의 통상적인 상식과는 달리 그 내용도 법률이 정하도록 되어 있고, 사회적 필요에 따라 여러 제한을 가할 수 있음을 헌법 차원

맺음말

에서 선언하고 있다는 점도 기억해주셨으면 합니다.

　　지금까지 헌법을 조문 순서대로 같이 읽어보았습니다. 사실 가장 중요한 법인 헌법을 우리는 너무 어렵게만, 멀게만 느껴왔던 것 같아요. 이 책은 심오한 내용을 다루진 않았습니다. 헌법을 누구나 쉽게 한번 읽어볼 수 있게 하려는 것이 주목적이었기에 최대한 쉽게, 재미있게 풀어보려 했습니다. 그리고 제가 봤을 때 일반 국민 입장에서 중요도가 덜하다고 여겨진 부분은 설명을 생략하기도 했습니다. 돌아보니 너무 많이 생략한 것은 아닌가 싶기도 하네요. 이 책을 계기로 좀 더 진지하고 풍부한 내용을 담은 다른 책이나 자료 등을 통해 헌법에 대해 더 알아보는 것도 좋을 것 같아요. 아니, 꼭 그러셨으면 합니다.

박주민

주민의 헌법

국회의원 박주민의 헌법 이야기

주민의 헌법

개정증보판 4쇄 발행 2025년 6월 5일
개정증보판 1쇄 발행 2025년 3월 10일
초판 1쇄 발행 2019년 11월 27일

지은이 박주민
발행인 손은진
개발책임 김문주
개발 김민정 정은경
제작 이성재 장병미
마케팅 엄재욱 조경은
일러스트 김보통
디자인 design BIGWAVE
저자 프로필 사진 이종수
발행처 메가스터디(주)
출판등록 제2015-000159호
주소 서울시 서초구 효령로 304 국제전자센터 24층
전화 1661-5431 **팩스** 02-6984-6999
홈페이지 http://www.megastudybooks.com
출간제안/원고투고 writer@megastudy.net

ISBN 979-11-297-1455-8 03300

메가스터디BOOKS
'메가스터디북스'는 메가스터디(주)의 출판 전문 브랜드입니다.
유아/초등 학습서, 중고등 수능/내신 참고서는 물론, 지식, 교양, 인문 분야에서 다양한 도서를 출간하고 있습니다.